ppn 134487907

005.53
CAL

Bibliothèque Universitaire
Formation des Maîtres
Rue du Tronquet 76130 Mont Saint Aignan
Tel : 02.35.74.81.20
Courriel : bufm@univ-rouen.fr

1jour de retard = 1 jour de suspension de prêt
A retourner le :

*

AF854010

C

ns avancées
de
org 3

Service Commun de Documentation
2 rue du Tronquet - BP 18
76131 Mont-Saint-Aignan cedex
tél. 02 32 82 30 56

Toutes les marques citées ont été déposées par leur éditeur respectif.

La loi du 11 mars 1957 n'autorisant aux termes des alinéas 2 et 3 de l'article 41, d'une part, que les "copies ou reproductions strictement réservées à l'usage privé du copiste et non destinées à une utilisation collective", et, d'autre part, que les analyses et les courtes citations dans un but d'exemple et d'illustration, "toute représentation ou reproduction intégrale, ou partielle, faite sans le consentement de l'auteur ou de ses ayants droit ou ayant cause, est illicite" (alinéa 1er de l'article 40).
Cette représentation ou reproduction, par quelque procédé que ce soit, constituerait donc une contrefaçon sanctionnée par les articles 425 et suivants du Code Pénal.

Copyright - Editions ENI - Mai 2009
ISBN : 978-2-7460-4868-3
ISSN : 1292-4962
Imprimé en France

Editions ENI

ZAC du Moulin Neuf
Rue Benjamin Franklin
44800 St HERBLAIN

Tél : 02.51.80.15.15
Fax : 02.51.80.15.16

e-mail : editions@ediENI.com
http://www.editions-eni.com

La collection **Repère** est dirigée par Corinne HERVO

AVANT-PROPOS

La collection **Repère** est destinée à toute personne qui débute en micro-informatique. Elle est conçue pour vous donner des explications claires, très détaillées, à l'aide de termes simples et précis. Ces explications sont basées sur la règle "un titre - un écran" : chaque commande est illustrée par une boîte de dialogue ou par un écran d'exemple.

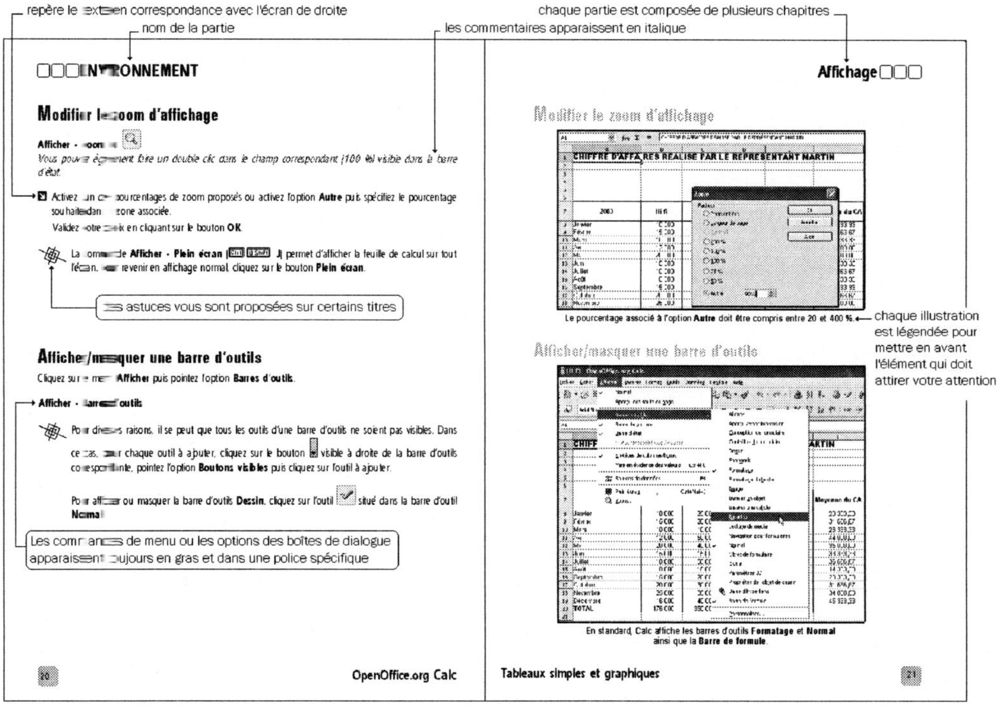

Ce support a été rédigé sur la version 3 de OpenOffice.org.

Afin d'être le plus complet possible, nous avons choisi de vous présenter toutes les solutions permettant d'effectuer une manipulation en les caractérisant à l'aide des icônes (solution menu), (solution souris) et (solution clavier).

Chaque support de la collection **Repère** est organisé en parties comprenant un ou plusieurs chapitres. L'organisation générale de l'ouvrage est détaillée dans la **Table des matières** qui suit.

En fin d'ouvrage, une annexe dresse la liste des raccourcis-clavier et l'**Index** permet de retrouver rapidement la page correspondant à un point précis.

STYLES, MODÈLES ET PLANS — Partie 1

STYLES ET MODÈLES

STYLES DE PAGE

PLANS

CALCULS — Partie 2

CALCULS COMPLEXES

SCÉNARIOS ET SOLVEUR

ANNEXES

Partie 1

STYLES, MODÈLES ET PLANS

Créer un style

*Un style permet d'enregistrer une présentation répétitive afin de l'appliquer rapidement à d'autres cellules. Les styles sont définis uniquement pour le classeur actif. Par défaut, le style **Standard** est appliqué à toutes les cellules de votre classeur.*

Activez la cellule contenant la présentation à enregistrer en tant que style.

*Le nouveau style sera basé sur le style appliqué à la cellule sélectionnée qui, par défaut, est le style **Standard**.*

Format - Styles et formatage ou [icône] ou [F11]

*La fenêtre ancrable **Styles et formatage** apparaît à l'écran.*

Si besoin est, activez l'outil **Styles de cellule** [icône] pour afficher la liste des styles de cellule disponibles dans votre classeur actif.

Cliquez sur l'outil **Nouveau style à partir de la sélection** [icône].

Saisissez le **Nom du style** dans la zone de saisie correspondante puis cliquez sur le bouton **OK**.

➘ *Le nom du nouveau style est désormais visible dans la fenêtre **Styles et formatage**.*

Appliquer un style

*Nous vous rappelons que, par défaut, le style **Standard** est appliqué à toutes les cellules de votre classeur.*

Première méthode

Sélectionnez les cellules auxquelles vous souhaitez appliquer un style ; utilisez la touche [Shift] pour une sélection continue et/ou la touche [Ctrl] pour une sélection discontinue.

Si besoin est, affichez la fenêtre **Styles et formatage** à l'aide de la commande **Format - Styles et formatage**, du raccourci-clavier [F11] ou de l'outil [icône].

Si besoin est, activez l'outil **Styles de cellule** [icône] pour afficher la liste des styles de cellule disponibles dans votre classeur actif.

Faites un double clic sur le nom du style à appliquer.

➘ *Les cellules sélectionnées se voient attribuer les caractéristiques du style sur lequel vous avez double cliqué.*

Cliquez en dehors de la sélection pour visualiser correctement l'effet du style sur les cellules.

Créer un style

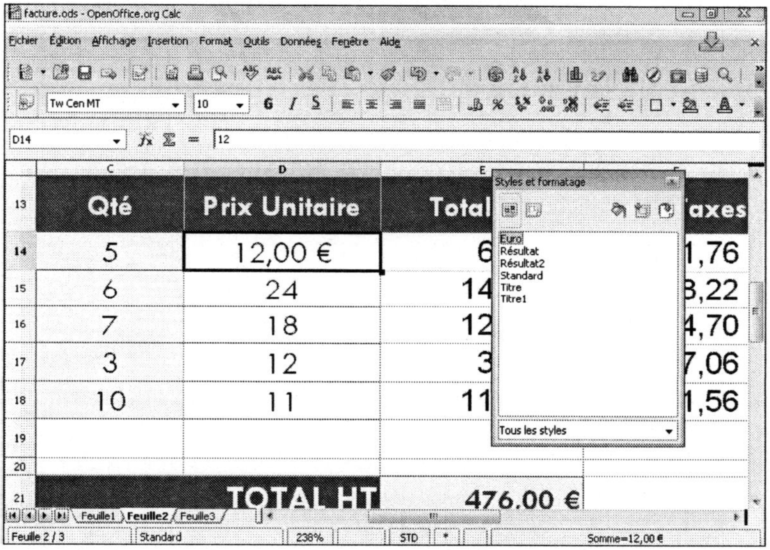

Par défaut, chaque nouveau classeur est doté de quatre styles : **Résultat**, **Résultat2**, **Titre** et **Titre1**.

Appliquer un style

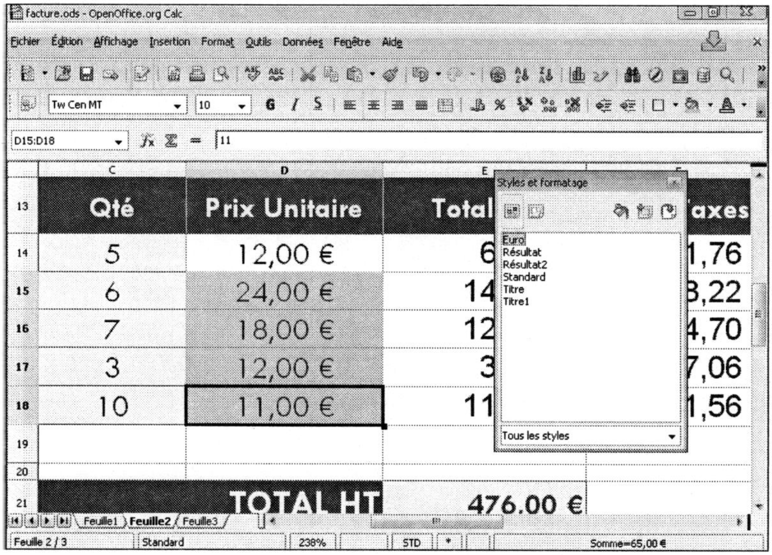

Le style **Euro** a été appliqué aux cellules D14 à D18.

© Editions ENI - Toute reproduction interdite

Deuxième méthode

Affichez la fenêtre **Styles et formatage** à l'aide de la commande **Format - Styles et formatage** ou du raccourci-clavier F11 ou de l'outil.

Si besoin est, activez l'outil **Styles de cellule** pour afficher la liste des styles de cellule disponibles dans votre classeur actif.

Sélectionnez le nom du style à appliquer puis cliquez sur l'outil **Mode Tout remplir** visible en haut de la fenêtre **Styles et formatage**.

- Cliquez sur les cellules à formater ou faites glisser la souris sur une plage de cellules pour en formater l'intégralité.

  Lorsque vous avez terminé de formater les cellules, cliquez sur l'outil pour le désactiver.

Vous pouvez choisir les styles que vous souhaitez visualiser dans la fenêtre **Styles et formatage**. Pour cela, ouvrez la liste située dans la partie inférieure de la fenêtre puis cliquez sur une des options proposées ; par défaut, **Tous les styles** sont visibles. L'option **Styles personnalisés** va vous permettre de visualiser uniquement les styles créés par vous.

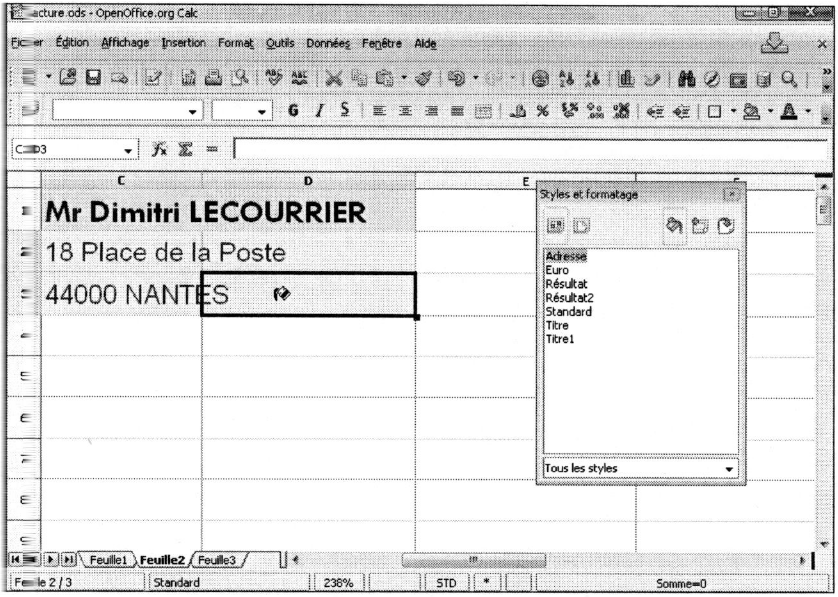

Le style **Adresse** est appliqué aux cellules C2 à D3.

© Editions ENI - Toute reproduction interdite

Copier/déplacer un style

Vous pouvez copier ou déplacer un style d'un classeur vers un autre classeur ou encore, d'un modèle vers un classeur.

Ouvrez les classeurs concernés par la copie ou le déplacement.

Fichier - Modèles - Gérer

Pour copier ou déplacer un style d'un classeur vers un autre classeur, vous devez afficher la liste des documents dans les deux listes. Pour cela, sélectionnez l'option **Documents** dans les deux listes déroulantes visibles dans la partie inférieure de la boîte de dialogue.

Pour copier ou déplacer un style d'un modèle de classeur vers un classeur, affichez la liste des modèles dans la liste de gauche et la liste des documents dans la liste de droite ou inversement. Pour cela, sélectionnez l'option **Modèles** dans une liste et l'option **Documents** dans l'autre.

Affichez ensuite la liste des styles pour chaque classeur ou modèle : faites un double clic sur le nom du classeur/modèle puis double cliquez sur **Styles**.

L'icône ¶ est associée à chaque style de document et l'icône est associée à chaque style de page.

- Pour copier un style d'un classeur vers un autre ou d'un modèle vers un classeur, sélectionnez le style concerné dans la liste correspondante, maintenez la touche Ctrl enfoncée puis réalisez un cliqué-glissé vers l'autre liste, sous l'option **Styles** ; pour déplacer un style, réalisez un cliqué-glissé sans maintenir la touche Ctrl enfoncée.

  Lorsque la position du style vous convient dans la liste, lâchez le bouton de la souris puis, si besoin est, la touche Ctrl.

  Lorsque vous avez terminé de copier/déplacer les styles souhaités, cliquez sur le bouton **Fermer** de la boîte de dialogue **Gestion des modèles**.

Copier/déplacer un style

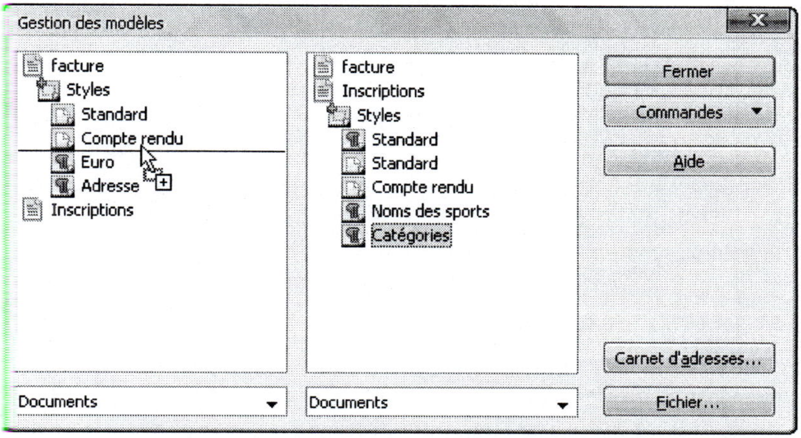

La position du style dans la liste **Styles** est matérialisée par un trait horizontal.
Le style peut être inséré n'importe où dans la liste **Styles**.

© Editions ENI - Toute reproduction interdite

Gérer les styles

Affichez la fenêtre **Styles et formatage** à l'aide de la commande **Format - Styles et formatage**, du raccourci-clavier F11 ou de l'outil .

Si besoin est, activez l'outil pour afficher la liste des styles de cellule disponibles dans votre classeur actif.

Pour modifier la présentation d'un style, sélectionnez une cellule contenant le style à modifier.

*Le nom du style correspondant est sélectionné dans la fenêtre **Styles et formatage**.*

Réalisez, à l'aide des commandes et des outils de l'application Calc, les modifications de présentation souhaitées.

Cliquez sur l'icône **Actualiser le style** visible dans la partie supérieure de la fenêtre **Styles et formatage**.

Les modifications de présentation apportées au style sont immédiatement reportées sur toutes les cellules auxquelles ce style a été appliqué.

Pour modifier le nom d'un style, faites un clic droit sur le nom du style pour lequel vous souhaitez modifier le nom puis cliquez sur l'option **Modifier**.

- Saisissez un nouveau **Nom** dans la zone correspondante puis cliquez sur le bouton **OK**.

Pour supprimer un style, faites un clic droit sur le style à supprimer puis cliquez sur l'option **Supprimer**.

Confirmez la suppression du style en cliquant sur le bouton **Oui** du message qui s'affiche.

Seuls les styles créés par vous peuvent être supprimés.

Créer un modèle de classeur personnalisé

Un modèle est un fichier contenant des présentations, des données... pouvant être exploitées lors de la création de nouveaux classeurs.

Élaborez le document modèle en y intégrant les éléments communs aux classeurs qui seront créés à partir de ce modèle.

Fichier - Modèles - Enregistrer ou Shift F11

*La boîte de dialogue **Modèles** apparaît à l'écran.*

- Saisissez le nom du **Nouveau modèle de document** dans la zone correspondante.

Sélectionnez la **Catégorie** dans laquelle vous souhaitez enregistrer votre nouveau modèle.

Cliquez sur le bouton **OK**.

L'extension attribuée aux fichiers modèles est OTS.

Par défaut, les modèles enregistrés dans la catégorie **Mes modèles** sont enregistrés dans le dossier C:\Users\Utilisateur\AppData\Roaming\Open Office.org\3\user\template.

Gérer les styles

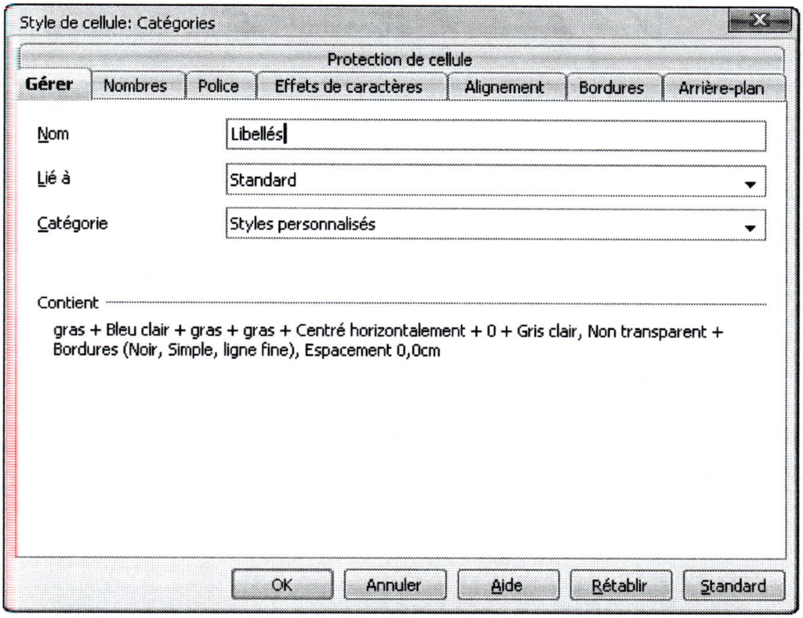

Le style **Catégories** va être renommé **Libellés**.

Créer un modèle de classeur personnalisé

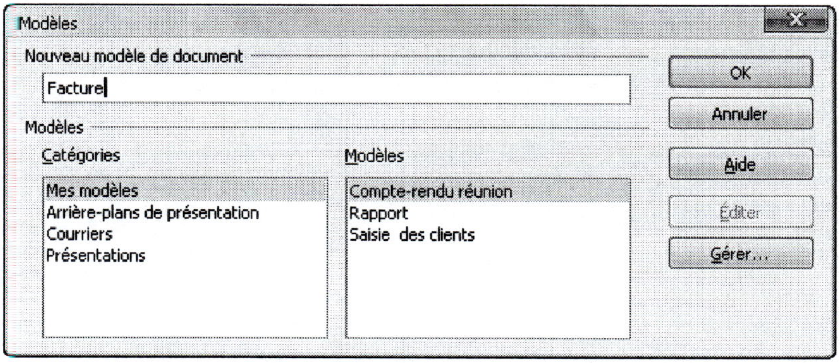

La catégorie **Mes modèles** est sélectionnée par défaut à l'ouverture de la boîte de dialogue **Modèles**.

© Editions ENI - Toute reproduction interdite

Gérer les catégories des modèles

Fichier - Modèles - Gérer

La zone de gauche affiche la liste des catégories tandis que celle de droite affiche les noms des documents ouverts dans OpenOffice.org.

Pour ajouter une catégorie, sélectionnez une des catégories proposées, cliquez sur le bouton **Commandes** puis sur l'option **Nouveau**. Saisissez le nom de la catégorie puis appuyez sur la touche [Entrée] pour valider.

Vous pouvez aussi appuyer sur la touche [Inser] après avoir sélectionné une des catégories ou encore faire un clic droit sur une des catégories puis cliquer sur l'option ***Nouveau****.*

Pour supprimer une catégorie, sélectionnez son nom, cliquez sur le bouton **Commandes** puis sur l'option **Supprimer** ou appuyez sur la touche [Suppr].

Confirmez ensuite la suppression en cliquant sur le bouton **Oui** du message qui s'affiche.

Si la catégorie contient des modèles, cliquez sur le bouton **Oui** du nouveau message qui s'affiche.

Pour visualiser/masquer les modèles d'une catégorie, faites un double clic sur le nom de la catégorie concernée.

Pour fermer la boîte de dialogue **Gestion des modèles, cliquez sur le bouton Fermer.**

Gérer les modèles

Fichier - Modèles - Gérer

Ouvrez, par double clic sur son nom, la catégorie contenant le modèle sur lequel vous souhaitez intervenir.

Pour modifier un modèle, sélectionnez son nom, cliquez sur le bouton **Commandes** puis sur l'option **Éditer**.

Le modèle s'ouvre dans l'application Calc.

Réalisez les modifications souhaitées, enregistrez-les en cliquant sur l'outil puis fermez le modèle à l'aide de la commande **Fichier - Fermer**.

Pour supprimer un modèle, sélectionnez son nom et appuyez sur la touche [Suppr]. Confirmez ensuite la suppression en cliquant sur le bouton **Oui** du message qui s'affiche.

Pour importer un modèle dans une catégorie, sélectionnez la catégorie concernée, cliquez sur le bouton **Commandes** puis sur l'option **Importer un modèle**. Sélectionnez le dossier contenant le modèle puis faites un double clic sur le nom du modèle à importer.

Pour exporter un modèle, sélectionnez le modèle concerné, cliquez sur le bouton **Commandes** puis sur l'option **Exporter un modèle**. Sélectionnez ensuite le dossier dans lequel vous souhaitez exporter le modèle puis cliquez sur le bouton **Enregistrer**.

Pour définir un modèle en tant que modèle par défaut, cliquez sur son nom pour le sélectionner, cliquez sur le bouton **Commandes** puis sur l'option **Définir comme modèle par défaut**.

Pour rétablir le modèle par défaut, cliquez sur le bouton **Commandes**, pointez l'option **Rétablir le modèle par défaut** puis cliquez sur l'option **Classeur**.

Pour fermer la boîte de dialogue **Gestion des modèles**, cliquez sur le bouton **Fermer**.

Gérer les catégories des modèles

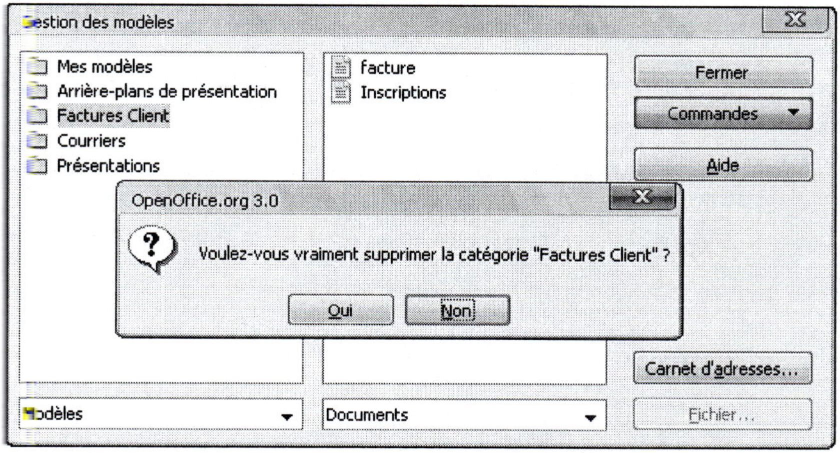

Ici, la catégorie **Factures Client** va être supprimée.

Gérer les modèles

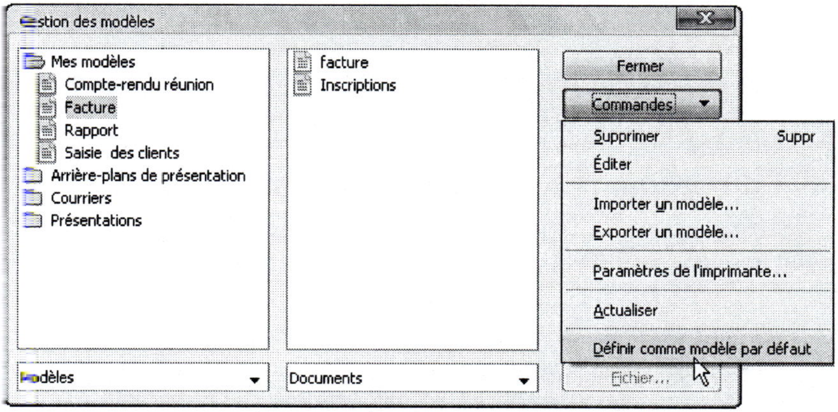

Désormais, les nouveaux classeurs créés à l'aide de la commande **Fichier - Nouveau - Classeur** seront basés sur le modèle Facture.

© Editions ENI - Toute reproduction interdite

Créer un style de page

Les options de mise en page sont liées à un style de page appelé Standard qui est appliqué par défaut à toutes les feuilles du classeur : lorsque vous modifiez ces options, vous modifiez le style de toutes les feuilles du classeur. Si vous souhaitez modifier la mise en page d'une des feuilles du classeur, sans changer les autres, vous devez créer un style de page que vous pourrez ensuite personnaliser.

Format - Styles et formatage ou ou F11

La fenêtre ***Styles et formatage*** *apparaît à l'écran.*

Si besoin est, activez l'outil **Styles de page** pour afficher la liste des styles de page disponibles dans votre classeur actif.

Par défaut, chaque nouveau classeur est doté de deux styles de page : ***Compte rendu*** *et* ***Standard****. Le style de page sélectionné dans la liste est celui qui est appliqué à la feuille de calculs active. Nous vous rappelons que, par défaut, le style* ***Standard*** *est appliqué à toutes les feuilles de calcul d'un classeur.*

Cliquez sur l'outil **Nouveau style à partir de la sélection** .

Saisissez le **Nom du style** dans la zone de saisie correspondante.

Cliquez sur le bouton **OK**.

Le nom du nouveau style de page est désormais visible dans la fenêtre ***Styles et formatage****.*

Faites un clic droit sur le nom du style de page que vous venez de créer puis cliquez sur l'option **Modifier**.

La boîte de dialogue ***Style de page*** *apparaît à l'écran.*

Spécifiez les options de mise en page du nouveau style de page à l'aide des options visibles dans les différentes pages de la boîte de dialogue **Style de page** ; pour créer des en-têtes et/ou des pieds de page, cliquez sur le bouton **Éditer** de la page **En-tête** et/ou **Pied de page**.

Lorsque les différentes options ont été définies, cliquez sur le bouton **OK**.

Pour modifier un style de page existant, il vous suffit de faire un clic droit sur son nom puis de cliquer sur l'option **Modifier**.

Appliquer un style de page à une feuille de calcul

Activez la feuille de calcul à laquelle vous souhaitez appliquer un nouveau style de page.

Si besoin est, affichez la fenêtre **Styles et formatage** à l'aide de la commande **Format - Styles et formatage** ou du raccourci-clavier F11 ou de l'outil .

Si besoin est, activez l'outil **Styles de page** pour afficher la liste des styles de page disponibles dans le classeur actif.

Faites un double clic sur le nom du style de page à appliquer.

Le nom du style de page appliqué à la feuille de calcul est visible dans la barre d'état.

Créer un style de page

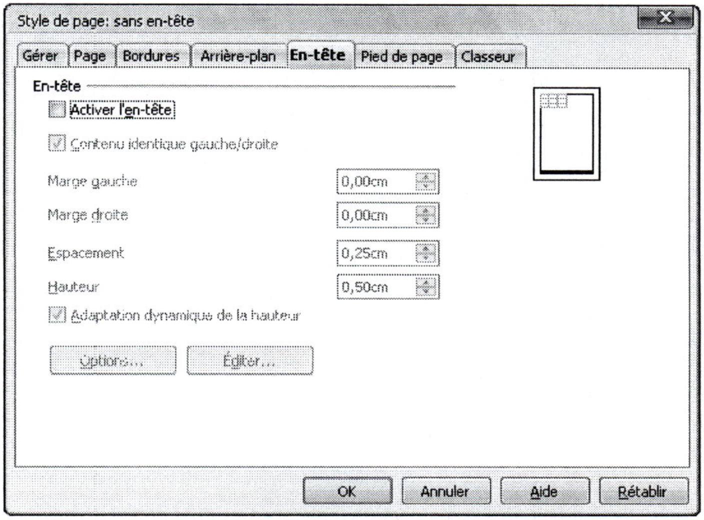

Le nom du style de page en cours de modification est visible dans la barre de titre de la boîte de dialogue.

Appliquer un style de page à une feuille de calcul

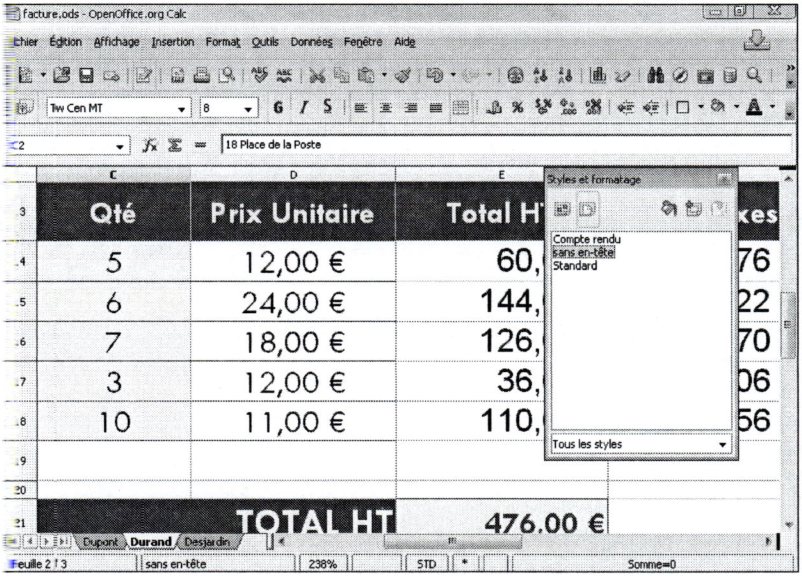

Ici, le style de page **sans en-tête** a été appliqué à la feuille **Durand**.

© Editions ENI - Toute reproduction interdite

Modifier le nom d'un style de page

Si besoin est, affichez la fenêtre **Styles et formatage** à l'aide de la commande **Format - Styles et formatage** ou du raccourci-clavier F11 ou de l'outil.

Si besoin est, activez l'outil **Styles de page** pour afficher la liste des styles de page disponibles dans votre classeur actif.

Faites un clic droit sur le nom du style de page dont vous souhaitez modifier le nom puis cliquez sur l'option **Modifier**.

Activez l'onglet **Gérer** puis saisissez un nouveau **Nom** dans la zone correspondante.

Cliquez sur le bouton **OK**.

Supprimer un style de page

Seuls les styles de page créés par vous peuvent être supprimés.

Si besoin est, affichez la fenêtre **Styles et formatage** à l'aide de la commande **Format - Styles et formatage** ou du raccourci-clavier F11 ou de l'outil

Si besoin est, activez l'outil pour afficher la liste des styles de page disponibles dans votre classeur actif.

Faites un clic droit sur le style à supprimer puis cliquez sur l'option **Supprimer**.

Une fenêtre de confirmation apparaît à l'écran.

Confirmez la suppression du style de page en cliquant sur le bouton **Oui**.

*Le style de page **Standard** est appliqué aux feuilles de calcul qui utilisaient le style que vous venez de supprimer.*

Vous pouvez copier un style de page d'un classeur vers un autre classeur ou encore, d'un modèle vers un classeur. Pour cela, procédez comme lors de la copie/le déplacement d'un style de cellule (cf. Styles et modèles - Copier/déplacer un style).

Modifier le nom d'un style de page

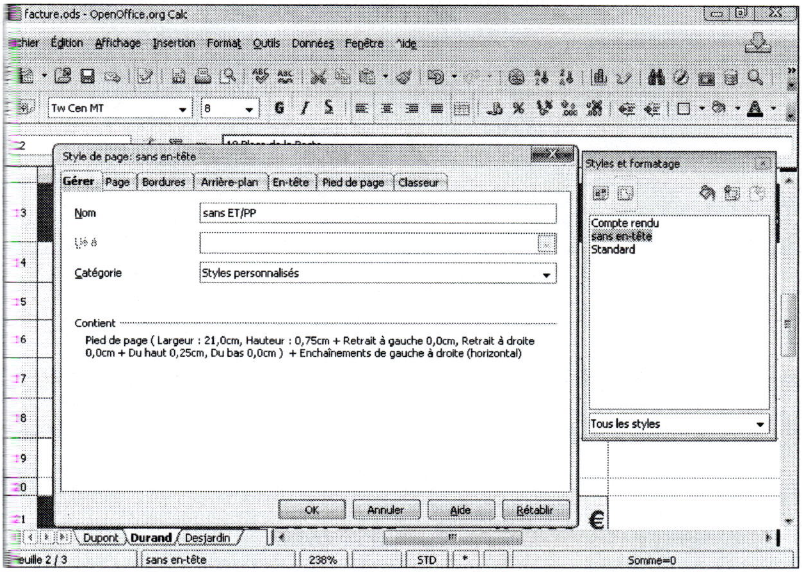

Après validation de la boîte de dialogue, le style de page **sans en-tête** va être renommé **sans ET/PP**.

Supprimer un style de page

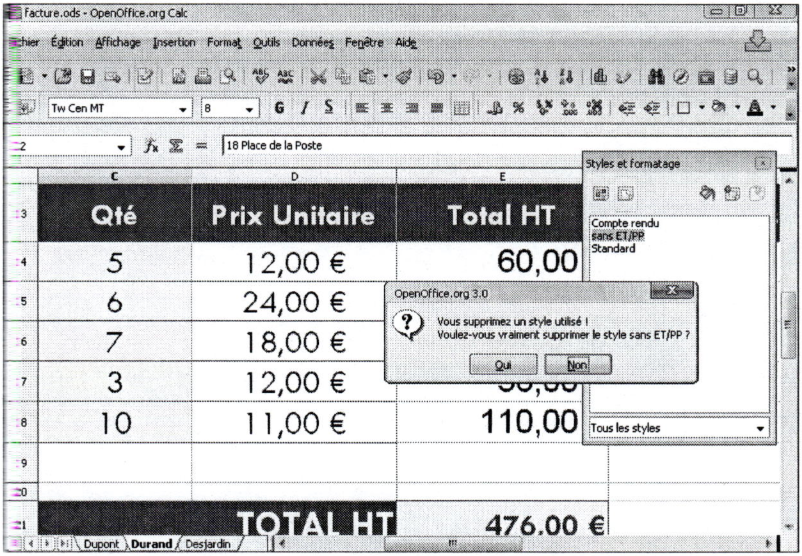

© Editions ENI - Toute reproduction interdite

Créer un plan

Un plan vous permet de visualiser ou d'imprimer uniquement les résultats principaux d'un tableau sans le détail des données.

Pour créer un plan automatiquement, sélectionnez le tableau concerné puis utilisez la commande **Données - Plan - AutoPlan**.

Pour créer un plan manuellement, sélectionnez les lignes ou les colonnes contenant les données de détail correspondant au premier groupe à créer.

Les lignes ou les colonnes de détail sont généralement situées à côté de la ligne ou de la colonne contenant les données de synthèse (par exemple un Total).

Données - Plan - Grouper ou F12

Créez les autres groupes de la même façon jusqu'à ce que vous ayez créé tous les niveaux souhaités dans le plan.

Si vous ne visualisez pas les boutons [-] et/ou [+], utilisez le menu **Outils - Options** développez la catégorie **OpenOffice.org Calc**, cliquez sur **Affichage** puis cochez l'option **Symboles du plan** de la zone **Fenêtre**.

Utiliser les plans

Pour masquer les colonnes ou les lignes subordonnées, cliquez sur le bouton [-] correspondant.

Pour masquer tous les groupes de même niveau, cliquez sur le bouton numéroté 1 2 3 correspondant au niveau. Pour masquer tous les détails d'un plan, cliquez sur le bouton [ir02] correspondant au premier niveau.

Pour réafficher les colonnes ou les lignes subordonnées, cliquez sur chaque bouton [+] correspondant.

Pour réafficher tous les groupes de même niveau, cliquez sur le bouton numéroté correspondant au niveau suivant.

Pour retirer un groupe du plan, sélectionnez une des cellules du groupe concerné puis utilisez la commande **Données - Plan - Dissocier** ou le raccourci-clavier Ctrl F12.

Pour effacer la totalité du ou des plans d'une feuille de calculs, cliquez n'importe où dans la feuille puis utilisez la commande **Données - Plan - Supprimer**.

*Cette commande ne permet pas de supprimer un seul plan d'une feuille de calcul qui en contient plusieurs. Pour cela, vous devrez utiliser la commande **Dissocier**.*

Créer un plan

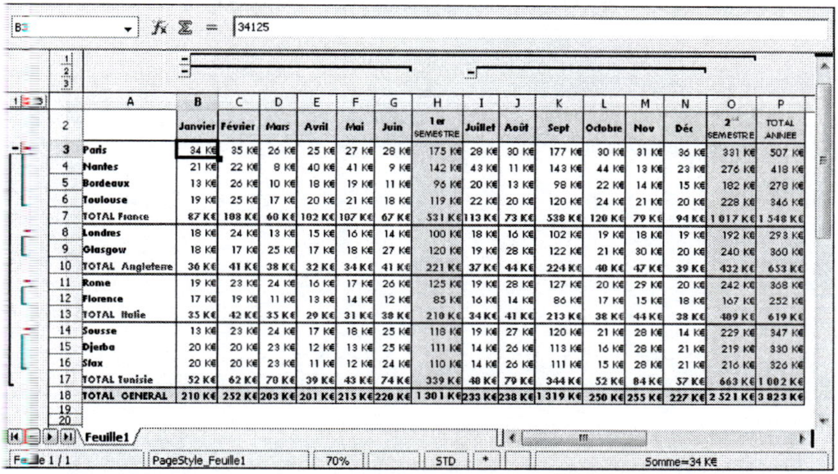

B3 | 34125

	A	B	C	D	E	F	G	H	I	J	K	L	M	N	O	P
2		Janvier	Février	Mars	Avril	Mai	Juin	1er SEMESTRE	Juillet	Août	Sept	Octobre	Nov	Déc	2nd SEMESTRE	TOTAL ANNEE
3	Paris	34 K€	35 K€	26 K€	25 K€	27 K€	28 K€	175 K€	28 K€	30 K€	177 K€	30 K€	31 K€	36 K€	331 K€	507 K€
4	Nantes	21 K€	22 K€	8 K€	40 K€	41 K€	9 K€	142 K€	43 K€	11 K€	143 K€	44 K€	13 K€	23 K€	276 K€	418 K€
5	Bordeaux	13 K€	26 K€	10 K€	18 K€	19 K€	11 K€	96 K€	20 K€	13 K€	98 K€	22 K€	14 K€	15 K€	182 K€	278 K€
6	Toulouse	19 K€	25 K€	17 K€	20 K€	21 K€	18 K€	119 K€	22 K€	20 K€	120 K€	24 K€	21 K€	20 K€	228 K€	346 K€
7	TOTAL France	87 K€	108 K€	60 K€	102 K€	107 K€	67 K€	531 K€	113 K€	73 K€	538 K€	120 K€	79 K€	94 K€	1 017 K€	1 548 K€
8	Londres	18 K€	24 K€	13 K€	15 K€	16 K€	14 K€	100 K€	18 K€	16 K€	102 K€	19 K€	18 K€	19 K€	192 K€	293 K€
9	Glasgow	18 K€	17 K€	25 K€	17 K€	18 K€	27 K€	120 K€	19 K€	28 K€	122 K€	21 K€	30 K€	20 K€	240 K€	360 K€
10	TOTAL Angleterre	36 K€	41 K€	38 K€	32 K€	34 K€	41 K€	221 K€	37 K€	44 K€	224 K€	40 K€	47 K€	39 K€	432 K€	653 K€
11	Rome	19 K€	23 K€	24 K€	16 K€	17 K€	26 K€	125 K€	19 K€	28 K€	127 K€	20 K€	29 K€	20 K€	242 K€	368 K€
12	Florence	17 K€	19 K€	11 K€	13 K€	14 K€	12 K€	85 K€	16 K€	14 K€	86 K€	17 K€	15 K€	18 K€	167 K€	252 K€
13	TOTAL Italie	35 K€	42 K€	35 K€	29 K€	31 K€	38 K€	210 K€	34 K€	41 K€	213 K€	38 K€	44 K€	38 K€	409 K€	619 K€
14	Sousse	13 K€	23 K€	24 K€	17 K€	18 K€	25 K€	118 K€	19 K€	27 K€	120 K€	21 K€	28 K€	14 K€	229 K€	347 K€
15	Djerba	20 K€	20 K€	23 K€	12 K€	13 K€	25 K€	111 K€	14 K€	26 K€	113 K€	16 K€	28 K€	21 K€	219 K€	330 K€
16	Sfax	20 K€	20 K€	23 K€	11 K€	12 K€	24 K€	110 K€	14 K€	26 K€	111 K€	15 K€	28 K€	21 K€	216 K€	326 K€
17	TOTAL Tunisie	52 K€	62 K€	70 K€	39 K€	43 K€	74 K€	339 K€	48 K€	79 K€	344 K€	52 K€	84 K€	57 K€	663 K€	1 002 K€
18	TOTAL GENERAL	210 K€	252 K€	203 K€	201 K€	215 K€	220 K€	1 301 K€	233 K€	238 K€	1 319 K€	250 K€	255 K€	227 K€	2 521 K€	3 823 K€

Feuille1 | Feuille 1 / 1 | PageStyle_Feuille1 | 70% | STD | Somme=34 K€

Des boutons, permettant de gérer les différents niveaux du plan, apparaissent à gauche et/ou au-dessus de la feuille de calcul. Ce plan est composé de trois niveaux : le niveau 3 correspond aux lignes de détail, le niveau 2 correspond aux totaux par pays, et le niveau 1 correspond au total général. Tous les niveaux sont ici développés.

Utiliser les plans

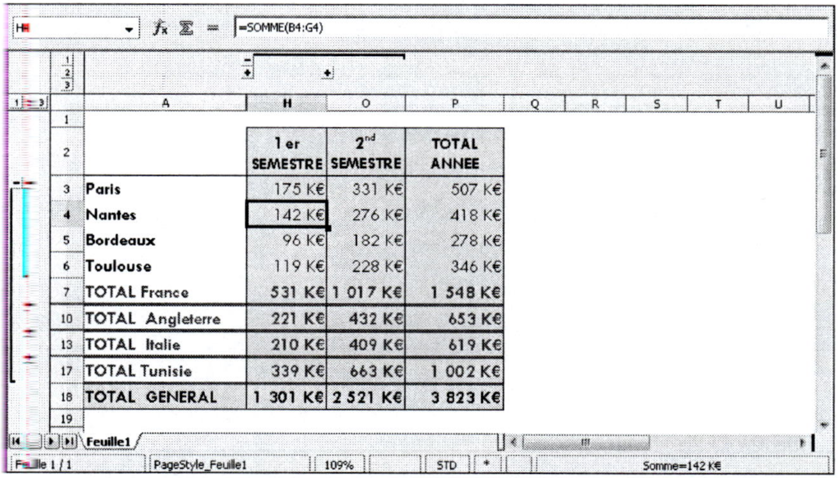

H4 | =SOMME(B4:G4)

	A	H	O	P
1				
2		1er SEMESTRE	2nd SEMESTRE	TOTAL ANNEE
3	Paris	175 K€	331 K€	507 K€
4	Nantes	142 K€	276 K€	418 K€
5	Bordeaux	96 K€	182 K€	278 K€
6	Toulouse	119 K€	228 K€	346 K€
7	TOTAL France	531 K€	1 017 K€	1 548 K€
10	TOTAL Angleterre	221 K€	432 K€	653 K€
13	TOTAL Italie	210 K€	409 K€	619 K€
17	TOTAL Tunisie	339 K€	663 K€	1 002 K€
18	TOTAL GENERAL	1 301 K€	2 521 K€	3 823 K€
19				

Feuille1 | Feuille 1 / 1 | PageStyle_Feuille1 | 109% | STD | Somme=142 K€

Sur cet exemple, seules les lignes de détail du TOTAL France du niveau 3 sont visibles.

© Editions ENI - Toute reproduction interdite

Insérer des lignes de statistiques

Il s'agit d'ajouter des lignes de sous-totaux.

Sélectionnez le tableau concerné par les lignes de statistiques.

Données - Sous-totaux

*Plusieurs groupes peuvent être créés ; par défaut, l'onglet **1er groupe** est actif.*

Dans la liste **Grouper par**, sélectionnez la colonne qui contient les groupes devant faire l'objet d'un calcul statistique.

Réalisez les manipulations suivantes pour chacune des colonnes sur lesquelles vous souhaitez calculer les sous-totaux :

- Cochez la colonne dans la zone **Calculer les sous-totaux pour**.
- Sélectionnez la **Fonction** mathématique à utiliser pour le calcul des sous-totaux, dans la zone correspondante.

Si vous souhaitez créer un second et un troisième groupe, utilisez les options des onglets **2e groupe** et **3e groupe** en procédant comme pour la création du premier groupe.

Le deuxième groupe est un sous-groupe du premier groupe et le troisième groupe est un sous-groupe du deuxième groupe donc, de ce fait, un sous sous-groupe du premier groupe.

Cliquez sur l'onglet **Options** pour spécifier les paramètres des sous-totaux.

Cochez l'option **Saut de page entre les groupes** pour insérer automatiquement un saut de page après chaque groupe de sous-totaux.

Cochez l'option **Respecter la casse** si vous souhaitez que Calc tienne compte de la casse des caractères pour insérer les sous-totaux dans votre tableau ; par défaut, l'option n'est pas cochée donc Calc ne différencie pas les majuscules des minuscules pour créer les sous-totaux.

Cochez l'option **Trier au préalable la plage selon les groupes** si vous souhaitez trier votre tableau en fonction des colonnes sélectionnées dans les listes **Grouper par** des onglets **1er groupe, 2e groupe** et/ou **3e groupe** ; cette options est cochée par défaut.

Si vous avez choisi de **Trier au préalable la plage selon les groupes**, modifiez éventuellement les options de tri à l'aide des options de la zone **Trier**.

Cliquez sur le bouton **OK**.

Calc calcule les statistiques demandées et construit un plan à partir de celles-ci.

Le bouton **Supprimer** de la boîte de dialogue **Sous-totaux (Données - Sous-totaux)** permet de supprimer tous les sous-totaux du tableau sélectionné.

Insérer des lignes de statistiques

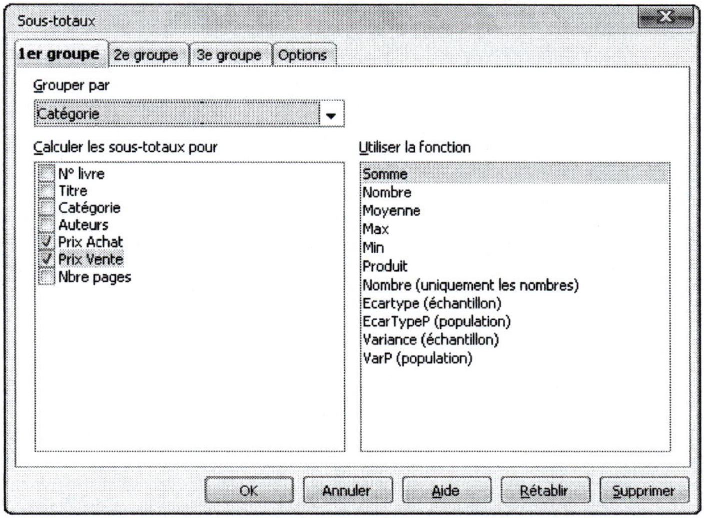

Ici, nous souhaitons calculer le nombre de livres par catégorie ainsi que la somme des Prix Achat et Prix Vente par catégorie.

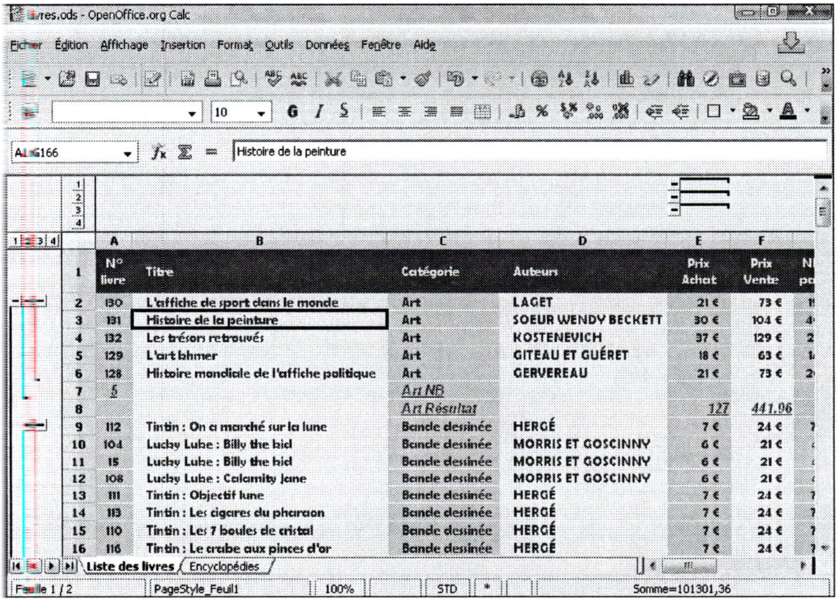

Vous visualisez ici le nombre de livres par catégorie ainsi que la somme des Prix Achat et Prix Vente par catégorie.

© Editions ENI - Toute reproduction interdite

NOTES PERSONNELLES

Partie 2
CALCULS

Effectuer des calculs lors d'une copie

Cette manipulation permet de copier des données tout en effectuant une opération (addition, soustraction...) qui combine les données copiées et les données contenues dans les cellules de destination.

Sélectionnez les données à copier.

Édition - Copier ou ou Ctrl **C**

Activez la première cellule de destination (les cellules réceptrices doivent contenir des données).

Édition - Collage spécial ou Ctrl ⇧ Shift **V**

Dans la zone **Sélection**, déterminez ce qui doit être copié.

Précisez l'**Opération** à effectuer en activant une option de la zone correspondante.

Si les cellules vides présentes dans la sélection doivent être omises, cochez l'option **Ignorer les cellules vides** et cliquez sur le bouton **OK**.

Effectuer des calculs lors d'une copie

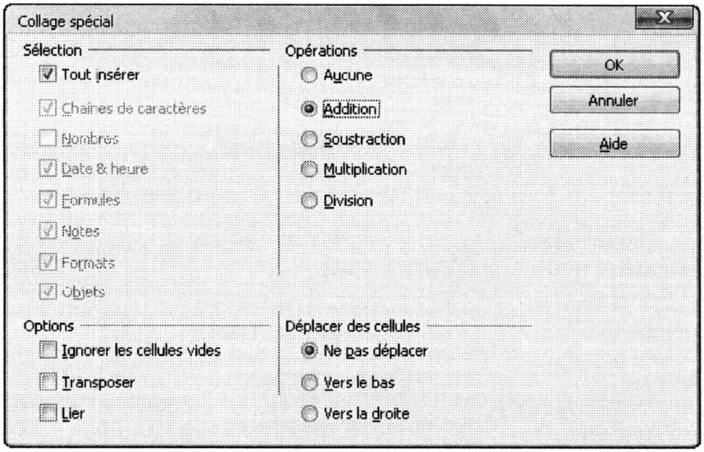

L'option **Tout insérer** est cochée par défaut. Décochez-la si vous souhaitez rendre les autres options disponibles.

© Editions ENI - Toute reproduction interdite

Consolider des données

Cette fonctionnalité permet de combiner des valeurs de plusieurs plages de données pour, par exemple, faire le cumul de valeurs situées dans plusieurs tableaux.

Activez la feuille dans laquelle vous souhaitez réaliser la consolidation.

Activez la première cellule de destination de la consolidation.

Données - Consolider

Choisissez, dans la liste correspondante, la **Fonction** de synthèse à utiliser pour consolider les données.

Pour chaque plage de données à consolider :

- cliquez sur le bouton associé à l'option **Plage de données source** pour réduire la boîte de dialogue.
- accédez à la feuille de calcul en cliquant sur son onglet puis sélectionnez les cellules concernées.
- cliquez sur le bouton pour afficher à nouveau la boîte de dialogue.
- cliquez sur le bouton **Ajouter**.

*Le bouton **Supprimer** permet de supprimer la **Plage de consolidation** sélectionnée.*

Si besoin est, affichez les **Options** supplémentaires en cliquant sur le bouton correspondant.

Cochez l'option **Lier aux données source** si vous souhaitez créer un lien permanent entre les feuilles source et la feuille de consolidation. Dans ce cas, la table de consolidation sera mise à jour automatiquement à chaque modification d'une des données source.

Indiquez si les données consolidées contiennent des titres de lignes et/ou de colonnes en cochant les options **Étiquette de ligne** et/ou **Étiquettes de colonne**.

Cliquez sur le bouton **OK** pour valider.

Quand un lien a été demandé, Calc génère en plus le plan du tableau de consolidation.

Vous pouvez copier le contenu d'une cellule dans une autre cellule en établissant une liaison entre ces deux cellules. Pour cela, cliquez dans la cellule de destination, tapez le signe égal =, cliquez dans la cellule contenant les données à copier puis terminez en validant par la touche Entrée. Si une plage de cellules est concernée, copiez son contenu dans le Presse-papiers par Ctrl **C**, activez la première cellule de destination, utilisez la commande **Édition - Collage spécial**, cochez l'option **Lier** puis cliquez sur le bouton **OK**.

Consolider des données

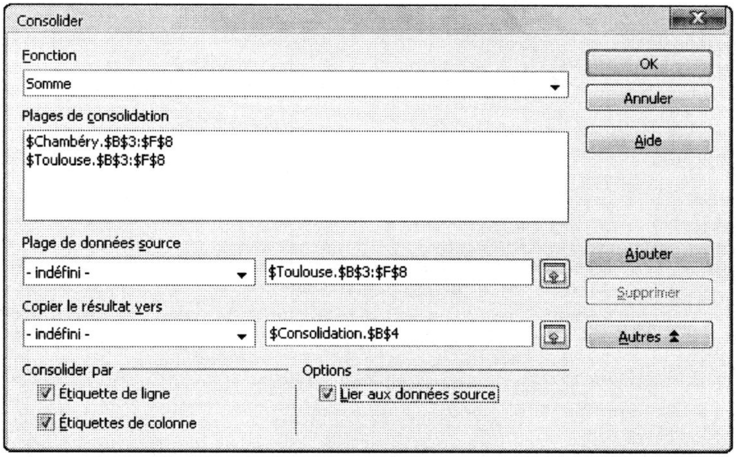

Cette consolidation va calculer la somme des cellules B3 à F8
des feuilles Chambéry et Toulouse.

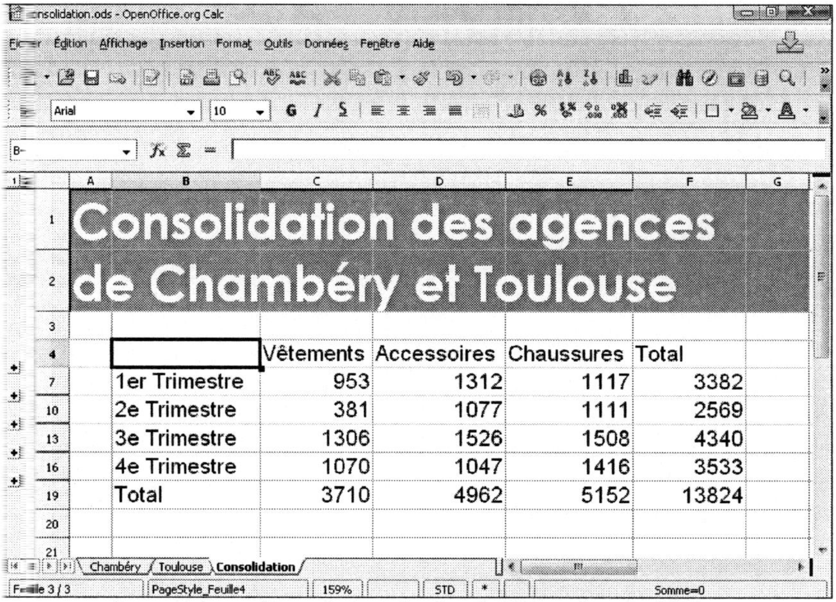

Aucune mise en forme n'est reprise dans le tableau de consolidation.

© Editions ENI - Toute reproduction interdite

Obtenir la valeur absolue d'un nombre

Activez la cellule concernée.

Utilisez la fonction **=ABS**(nombre).

Validez la saisie par la touche Entrée.

Le montant du remboursement apparaît positif.

Calculer la valeur d'un remboursement

*La fonction **VPM** permet de calculer le remboursement d'un emprunt sur la base de remboursements et d'un taux d'intérêt constants.*

Activez la cellule dans laquelle vous souhaitez afficher le résultat.
Saisissez la formule en respectant la syntaxe suivante :
=VPM(Taux;NPM;VA;VC;type)

Taux Correspond au taux d'intérêt de l'emprunt ; s'il s'agit d'un taux annuel et que le résultat doit être une mensualité, il faut le diviser par 12.

NPM Correspond au nombre total de remboursements ; s'il représente des années et que le résultat doit être mensuel, il faut le multiplier par 12.

VA Représente la valeur actuelle du total des paiements futurs, ce qui correspond au principal de l'emprunt.

VC Correspond au montant à obtenir après le dernier paiement (valeur capitalisée) ; s'il est omis, il est égal à 0.

Type Nombre compris entre 0 et 1 qui précise quand les paiements sont échus ; si le type est 1, les remboursements sont échus en début de période, s'il est omis ou égal à 0 ceux-ci sont échus en fin de période.

*Les arguments **VC** et **Type** sont facultatifs.*

Validez la saisie par la touche Entrée.

Le résultat obtenu ne comprend que le principal et les intérêts de l'emprunt mais pas les charges, versements de garantie...

Pour obtenir une valeur positive, vous pouvez faire précéder la fonction VPM du signe moins (=-VPM).

L'utilisation de l'Assistant Fonctions pour effectuer un calcul permet de visualiser la description de chaque argument ainsi que le résultat du calcul dans la partie inférieure de la fenêtre.

Pour calculer le montant total payé sur toute la durée de l'emprunt, il suffit de multiplier le résultat de la formule **VPM** par la valeur **npm**.

Obtenir la valeur absolue d'un nombre

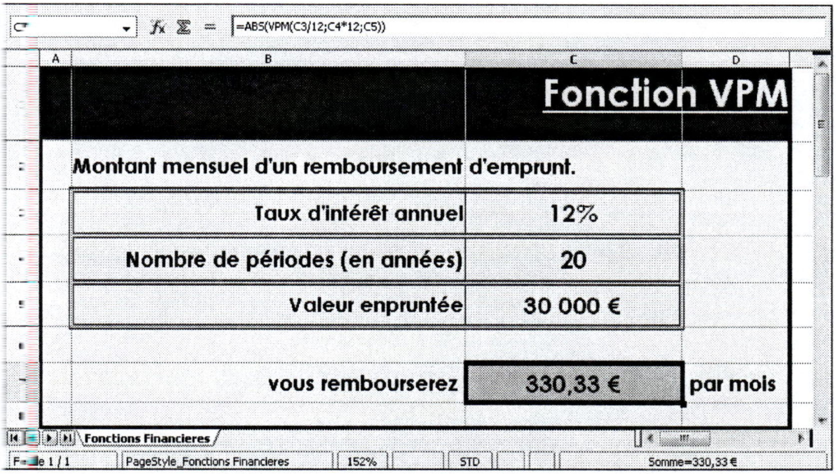

Dans cet exemple, en C10, nous recherchons la valeur absolue du montant du remboursement (mensualité).

Calculer la valeur d'un remboursement

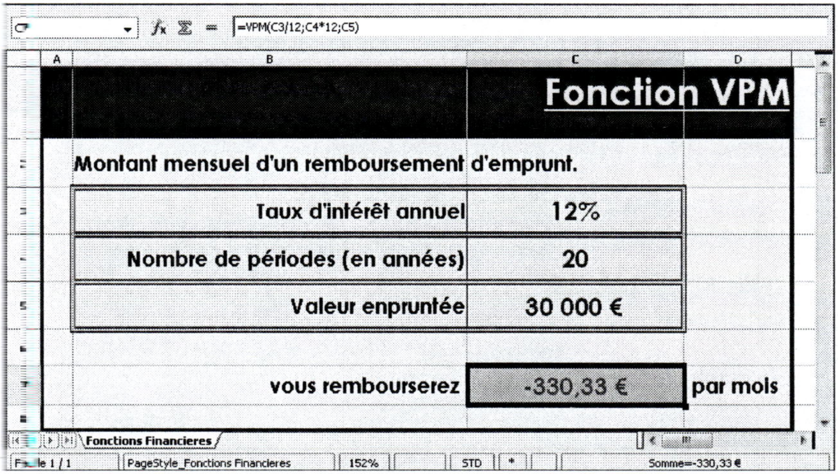

Les montants des remboursements (C7 sur notre exemple) sont toujours affichés sous forme négative.

© Editions ENI - Toute reproduction interdite

IUFM Rouen SCD 76130 Mt St Aignan

Calculer la valeur du capital emprunté

Ici, nous avons choisi d'utiliser l'Assistant Fonctions mais vous pouvez tout aussi bien saisir la formule directement dans la cellule.

Activez la cellule dans laquelle vous souhaitez afficher le résultat.

Insertion - Fonction ou f(x) (à gauche de la barre de formule) ou Ctrl F2

Veillez à ce que l'onglet **Fonctions** soit actif.

Ouvrez la liste **Catégorie** puis cliquez sur la catégorie **Finances**.

Sélectionnez la fonction **VA** dans la zone de liste **Fonction**.

La syntaxe de la fonction ainsi qu'une brève description apparaissent dans la boîte de dialogue.

Cliquez sur le bouton **Suivant** : cette étape présente les différents arguments à renseigner.

Indiquez tous les arguments nécessaires en utilisant si nécessaire, les boutons et .

Taux	Correspond au taux d'intérêt de l'emprunt ; s'il s'agit d'un taux annuel et que le résultat doit être une mensualité, il faut le diviser par 12.
NPM	Correspond au nombre total de remboursements ; s'il représente des années et que le résultat doit être mensuel, il faut le multiplier par 12.
VPM	Correspond au montant du remboursement de chaque période.
VC	Correspond au montant à obtenir après le dernier paiement (valeur capitalisée) ; s'il est omis, il est égal à 0.
Type	Nombre compris entre 0 et 1 qui précise quand les paiements sont échus ; si le type est 1, les remboursements sont échus en début de période, s'il est omis ou égal à 0 ceux-ci sont échus en fin de période.

*Les arguments **VC** et **Type** sont facultatifs.*

Notez qu'en arrière-plan, la formule apparaît dans la barre de formule.

Validez en cliquant sur le bouton **OK**. Comme avec la fonction VPM, le résultat est négatif. Pour le rendre positif, vous pouvez utiliser la fonction ABS().

Calculer la valeur du capital emprunté

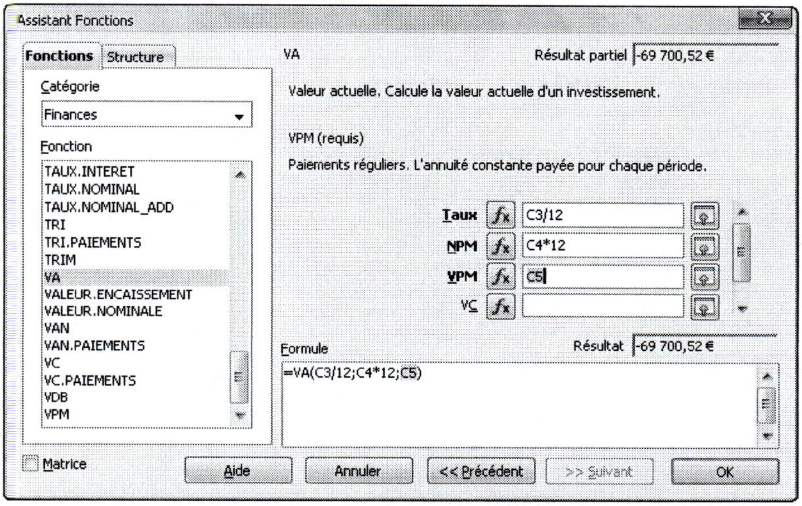

Un descriptif de l'argument actif (**VPM** sur cet exemple) s'affiche dans la partie supérieure de la boîte de dialogue.

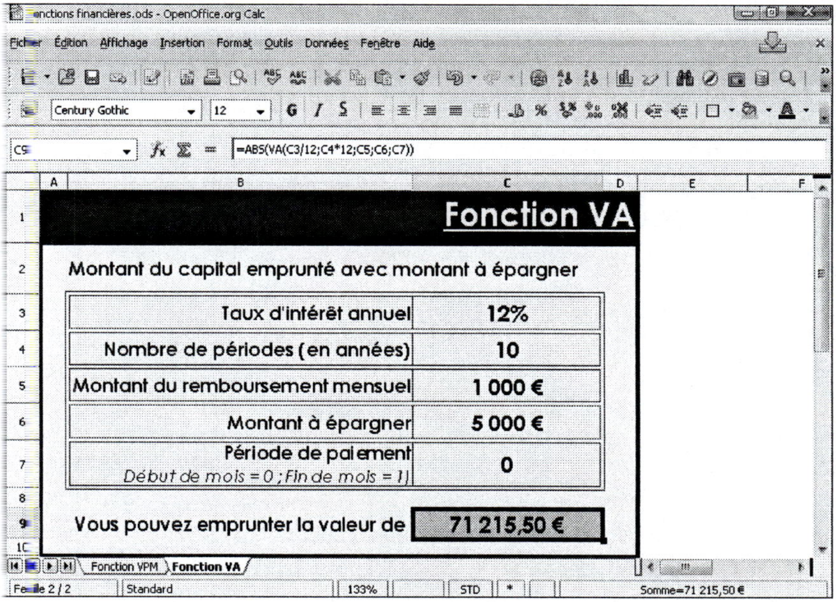

Sur cet exemple, le montant à épargner (argument VC) et la période de paiement (argument Type) ont été pris en compte dans le résultat de la formule.

© Editions ENI - Toute reproduction interdite

Générer une table à double entrée

L'objectif d'une table à double entrée est de montrer comment la modification de certaines valeurs dans les formules affectent leurs résultats. Par exemple, vous pouvez utiliser une table à double entrée pour afficher la manière dont différents taux d'intérêts et différentes échéances de prêts affectent le remboursement mensuel d'un emprunt.

Saisissez les éléments initiaux du calcul à réaliser (par exemple ici, le taux d'intérêt, la durée de l'emprunt, le montant de l'emprunt).

Saisissez les titres des lignes et des colonnes de la table, lesquels correspondent aux paramètres variables.

Attention, la table des résultats ainsi préparée ne doit pas être accolée aux éléments initiaux. La disposition des variables est très importante. Les titres des colonnes (sur notre exemple, les durées) doivent être situés une ligne plus haut par rapport aux titres de lignes (sur notre exemple, les montants d'emprunt). Il doit y avoir une cellule vide à l'intersection de la ligne et de la colonne des titres.

Saisissez la formule de calcul dans la cellule souhaitée (en dehors du tableau) puis validez.

Ici, en cellule B8.

Cliquez à l'intersection de la ligne et de la colonne des titres de la table puis réalisez un cliqué-glissé jusqu'à la dernière cellule de la table.

Données - Opérations multiples

- Dans la zone **Formules**, indiquez la référence de la cellule contenant la formule de calcul.
  Sur notre exemple, c'est le remboursement par mois, nous allons donc spécifier la cellule B8.
  Dans la zone **Cellule de saisie de ligne**, indiquez la référence de la cellule utilisée dans la formule qui correspond aux données variables situées sur la première ligne de la table.
  Dans notre exemple, la ligne correspond à des durées, nous allons donc utiliser la cellule D5.
  Dans la zone **Cellule de saisie de colonne**, indiquez la référence de la cellule utilisée dans la formule qui correspond aux données variables situées sur la première colonne de la table.
  Dans notre exemple, la colonne correspond à des montants empruntés, nous allons donc indiquer la cellule D3.
  Cliquez sur le bouton **OK**.

- *Le tableau des remboursements est intégralement calculé par Calc.*

Vous pouvez, selon le même principe, créer une table de données à une entrée. Pour cela, procédez comme pour la création d'une table de données à double entrée en tenant compte des différences suivantes :

Les variables ont besoin d'être entrées seulement en ligne ou en colonne, selon la disposition de la table. Dans la boîte de dialogue **Opérations multiples**, indiquez la référence de la cellule dans la zone **Cellule de saisie de colonne** ou **Cellule de saisie de ligne** selon la disposition des données.

Générer une table à double entrée

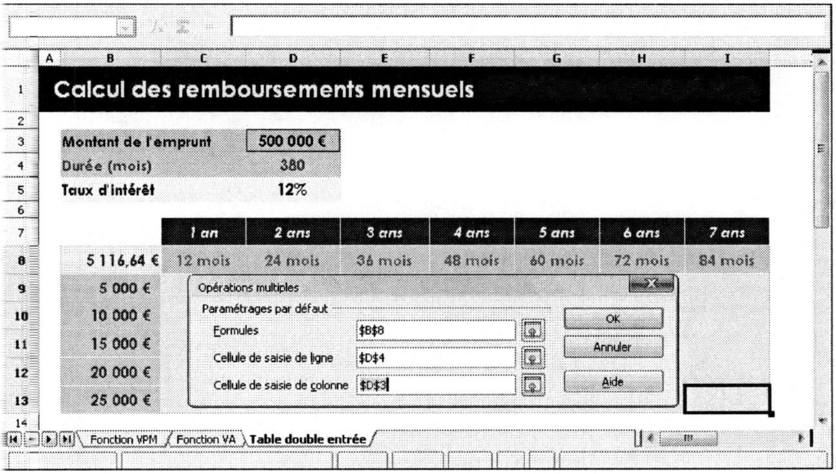

Les cellules apparaissent en référence absolue.

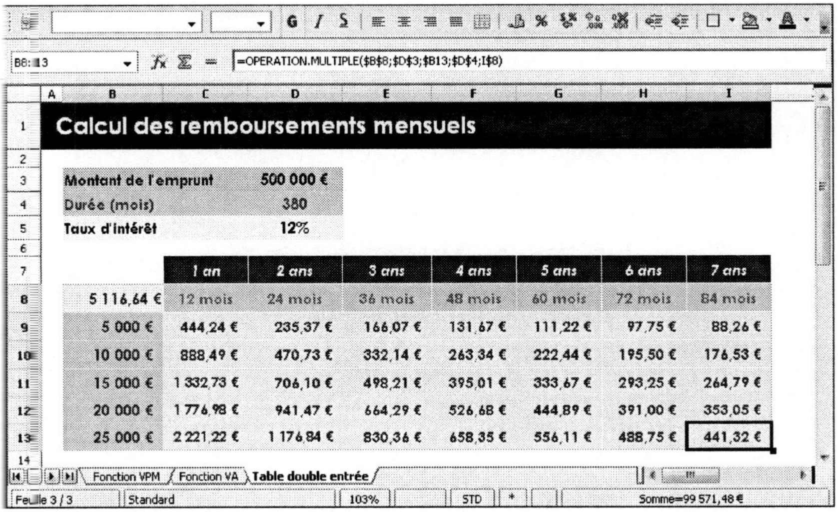

Cette table affiche les valeurs de remboursement pour un capital emprunté fixe de 500 000 €, un nombre variable de mensualités et des montants d'emprunt variables.

© Editions ENI - Toute reproduction interdite

Rechercher une valeur avec la fonction RechercheV

Cette fonction permet de chercher une valeur dans la première colonne d'un tableau (V = Verticale) afin de renvoyer la valeur contenue dans la cellule située sur la même ligne et dans la colonne spécifiée.

- Créez un tableau permettant de regrouper les données que vous allez devoir récupérer par la suite lors de la recherche puis triez éventuellement le tableau par ordre croissant, sur les données de la première colonne du tableau.

  L'intérêt de trier la première colonne par ordre croissant est que la recherche s'effectuera beaucoup plus vite.

  Nommez cette plage de cellules si vous ne souhaitez pas la sélectionner lors de la création de la formule.

  Cliquez dans la cellule où doit être affichée la donnée recherchée du tableau.

  Créez votre formule de calcul en respectant la syntaxe suivante :
  =RECHERCHEV(Critère de recherche;matrice;Indice;ordre de tri)

Critère de recherche	Est la valeur que la fonction cherche dans la première colonne du tableau.
matrice	Est le tableau à partir duquel les données vont être récupérées. Cet argument peut être les références d'une plage de cellules ou le nom d'une plage de cellules.
Indice	Est le numéro de la colonne du tableau (la matrice) qui contient la valeur recherchée. La première colonne du tableau est la colonne 1.
Ordre de tri	Si la première colonne du tableau de données (la matrice) n'est pas triée par ordre croissant, saisissez la valeur **FAUX** suivi d'une parenthèse ouverte et fermée (**Faux()**) pour que la recherche s'effectue correctement ; à l'inverse, un message d'erreur apparaîtra dans la cellule. Si la première colonne du tableau de données (la matrice) est triée par ordre croissant, saisissez la valeur **FAUX** suivi d'une parenthèse ouverte et fermée (**Faux()**) si vous souhaitez que la saisie d'une valeur recherchée inexistante entraîne l'apparition d'un message d'erreur dans la cellule ; à l'inverse, la fonction renvoie une valeur immédiatement inférieure à la valeur cherchée

  *L'argument **Ordre de tri** est facultatif.*

- Validez la formule par la touche [Entrée].

Rechercher une valeur avec la fonction RechercheV

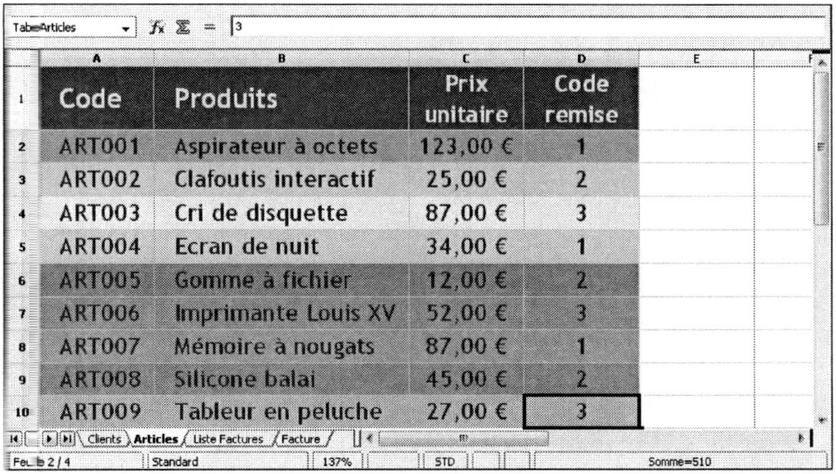
TableArticles | 3

Code	Produits	Prix unitaire	Code remise
ART001	Aspirateur à octets	123,00 €	1
ART002	Clafoutis interactif	25,00 €	2
ART003	Cri de disquette	87,00 €	3
ART004	Ecran de nuit	34,00 €	1
ART005	Gomme à fichier	12,00 €	2
ART006	Imprimante Louis XV	52,00 €	3
ART007	Mémoire à nougats	87,00 €	1
ART008	Silicone balai	45,00 €	2
ART009	Tableur en peluche	27,00 €	3

Sur cet exemple, le tableau sans les en-têtes de colonne, a été nommé TableArticles.

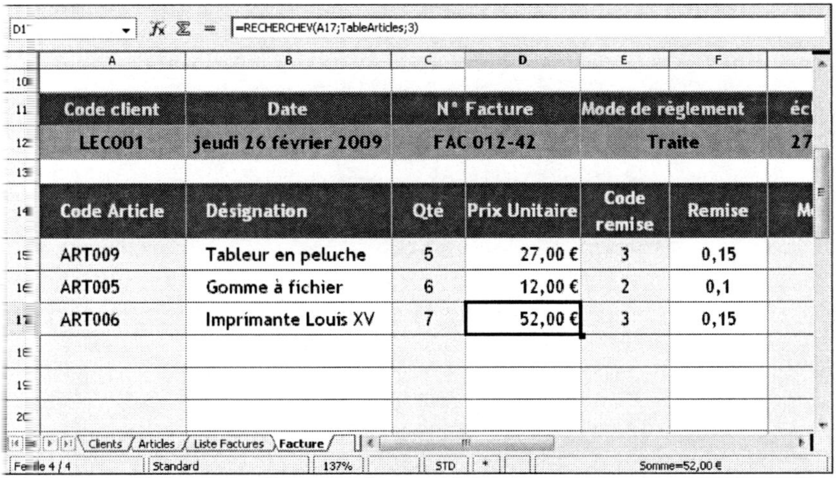
D17 | =RECHERCHEV(A17;TableArticles;3)

Code client	Date	N° Facture	Mode de règlement
LEC001	jeudi 26 février 2009	FAC 012-42	Traite

Code Article	Désignation	Qté	Prix Unitaire	Code remise	Remise
ART009	Tableur en peluche	5	27,00 €	3	0,15
ART005	Gomme à fichier	6	12,00 €	2	0,1
ART006	Imprimante Louis XV	7	52,00 €	3	0,15

Sur cet exemple, la fonction RechercheV va rechercher la référence exacte de l'article (contenue en cellule A17) dans le tableau intitulé TableArticles (situé sur la feuille Articles du classeur) afin d'y trouver le prix de l'article situé dans la troisième colonne.

© Editions ENI - Toute reproduction interdite

Rechercher une valeur avec la fonction RechercheH

Cette fonction permet de chercher une valeur dans la première ligne d'un tableau (H = Horizontale) afin de renvoyer la valeur contenue dans la cellule située dans la même colonne et dans la ligne spécifiée.
Ici, nous avons choisi d'utiliser l'Assistant Fonctions mais vous pouvez aussi saisir la formule directement dans la cellule.

Créez un tableau permettant de regrouper les données que vous allez devoir récupérer par la suite lors de la recherche puis triez éventuellement le tableau par ordre croissant, sur les données de la première ligne (pour cela, sélectionnez le tableau sans les libellés des lignes, utilisez la commande **Données - Trier**).

Nommez cette plage de cellules si vous ne souhaitez pas la sélectionner lors de la création de la formule de calcul.

Cliquez dans la cellule où doit être affichée la donnée recherchée du tableau.

Insertion - Fonction ou f(x) (à gauche de la barre de formule) ou Ctrl F2.
Veillez à ce que l'onglet **Fonctions** soit actif.
Ouvrez la liste **Catégorie** puis cliquez sur la catégorie **Classeur**.
Sélectionnez la fonction **RechercheH** dans la zone de liste **Fonction**.
La syntaxe de la fonction ainsi qu'une brève description apparaissent dans la boîte de dialogue.

Cliquez sur le bouton **Suivant** : cette étape présente les différents arguments à renseigner.

- Indiquez tous les arguments nécessaires en utilisant si nécessaire, les boutons et .

critère de recherche	Est la valeur que la fonction cherche dans la première ligne du tableau.
matrice	Est le tableau à partir duquel les données vont être récupérées. Cet argument peut être les références d'une plage de cellules ou le nom d'une plage de cellules.
Indice	Est le numéro de la ligne du tableau qui contient la valeur recherchée. La première ligne du tableau est la ligne 1.
Trié	Si la première ligne du tableau de données (la matrice) n'est pas triée par ordre croissant, saisissez la valeur **FAUX** suivi d'une parenthèse ouverte et fermée (**FAUX()**) pour que la recherche s'effectue correctement ; à l'inverse, un message d'erreur apparaîtra dans la cellule. Si la première ligne du tableau de données (la matrice) est triée par ordre croissant, saisissez la valeur **FAUX** suivi d'une parenthèse ouverte et fermée (**FAUX()**) si vous souhaitez que la saisie d'une valeur recherchée inexistante entraîne l'apparition d'un message d'erreur dans la cellule ; à l'inverse, la fonction renvoie une valeur immédiatement inférieure à la valeur cherchée.

- Validez en cliquant sur le bouton **OK**.

Rechercher une valeur avec la fonction RechercheH

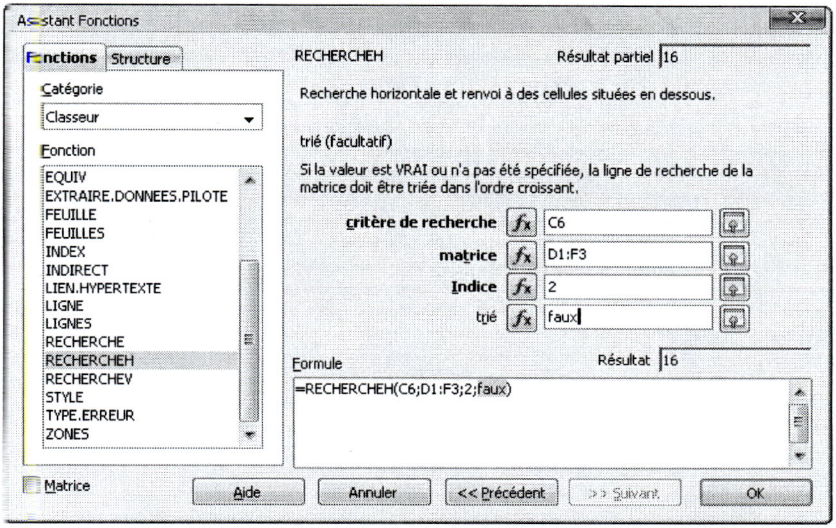

Un descriptif de l'argument actif (**trié** sur cet exemple) s'affiche dans la partie supérieure de la boîte de dialogue.

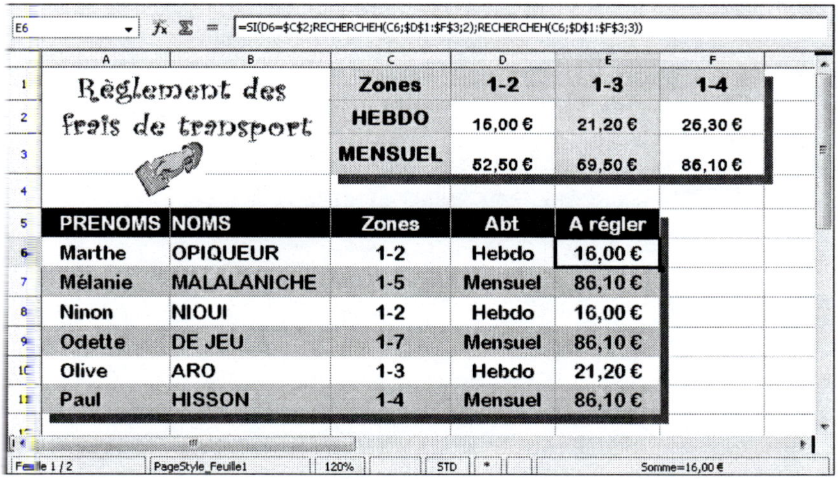

Sur cet exemple, la fonction RechercheH est incluse dans une fonction conditionnelle (SI) afin d'afficher le montant du règlement correspondant au type d'abonnement.

© Editions ENI - Toute reproduction interdite

Utiliser une formule matricielle

Ce type de formule a la particularité de s'appliquer à une matrice, c'est-à-dire à une plage de cellules ayant plusieurs lignes et colonnes. En général, le résultat d'une formule matricielle est une autre matrice.

Pour saisir une fonction matricielle, sélectionnez les cellules de la matrice du résultat (sur notre exemple : T4 à T8).

Saisissez le signe **=** et construisez votre formule de calcul en utilisant les références de la matrice et non pas une référence de la cellule.

- Validez la formule matricielle par la combinaison des touches Ctrl Shift Entrée.

  Une formule matricielle est encadrée par des accolades. Les cellules de la matrice du résultat sont automatiquement protégées contre les modifications.

- *Vous pouvez également utiliser des fonctions de type matriciel (catégorie* ***Matrice*** *de l'Assistant Fonctions) telles que les fonctions FRÉQUENCE, TRANSPOSE et SOMMEPROD, par exemple. Si vous saisissez directement ces fonctions, vous devez les valider par* Ctrl Shift Entrée.

  Pour modifier une fonction matricielle, sélectionnez l'ensemble des cellules de la matrice du résultat ou, cliquez dans une cellule de la matrice et appuyez sur Ctrl **/**.

  Toutes les cellules de la matrice sont alors sélectionnées.

  Effectuez vos modifications dans la barre de formule et validez par Ctrl Shift Entrée.

  Pour supprimer une matrice, sélectionnez l'ensemble des cellules de la matrice ou cliquez dans une des cellules et faites Ctrl **/**. Appuyez ensuite sur la touche ←.

Utiliser une formule matricielle

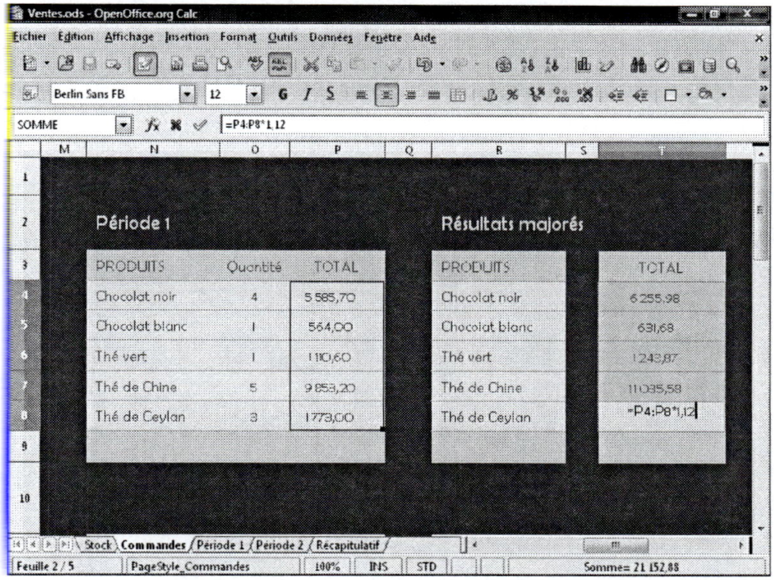

Sur cet exemple, la matrice (T4 à T8) calcule une augmentation de 12% des cellules P4 à P8.

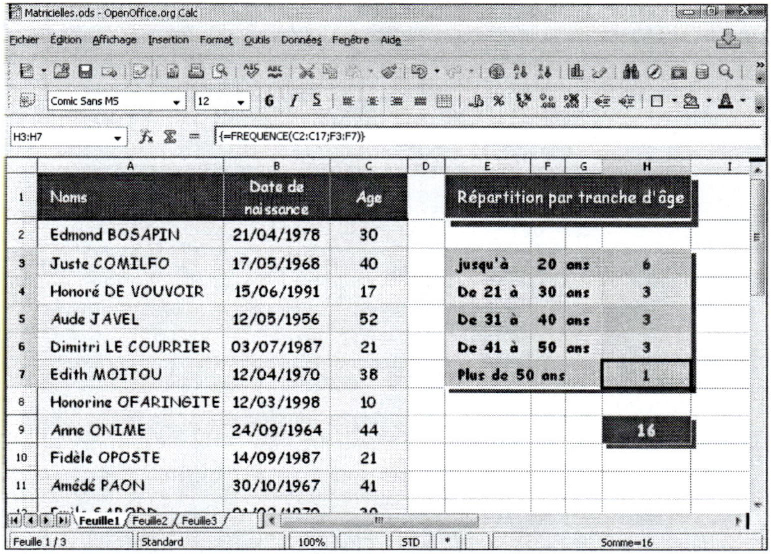

Ici, la fonction FREQUENCE permet de calculer le nombre de personnes par tranche d'âge.

© Editions ENI - Toute reproduction interdite

Concaténer plusieurs fonctions

La concaténation permet d'afficher, dans une même cellule, le résultat de plusieurs formules de calcul et/ou de texte.

Utiliser la fonction CONCATENER

Activez la cellule dans laquelle vous souhaitez afficher le résultat.

Saisissez **=CONCATENER(**

Précisez ensuite les différents arguments de la fonction en les séparant par un point-virgule (;). Ces arguments peuvent être une formule de calcul, une référence de cellule ou un texte. Dans le cas d'un texte ou d'un espace, saisissez-le entre guillemets.

Fermez la parenthèse et validez la formule par la touche [Entrée].

Utiliser l'opérateur &

Activez la cellule dans laquelle vous souhaitez afficher le résultat.

Saisissez le signe **=** puis la première formule de calcul ou la référence d'une cellule ou un texte (entre guillemets).

Saisissez ensuite le caractère **&** suivi du deuxième élément à concaténer.

Poursuivez, si besoin, l'élaboration de la formule en faisant précéder chaque argument par le caractère **&**.

Validez, ensuite, votre formule par la touche [Entrée].

Cette technique permet, par exemple, d'afficher un texte à la suite d'un résultat de calcul.

Cependant, si ce résultat doit être ensuite utilisé dans une autre formule, il est préférable d'utiliser dans ce cas un format personnalisé.

Concaténer plusieurs fonctions

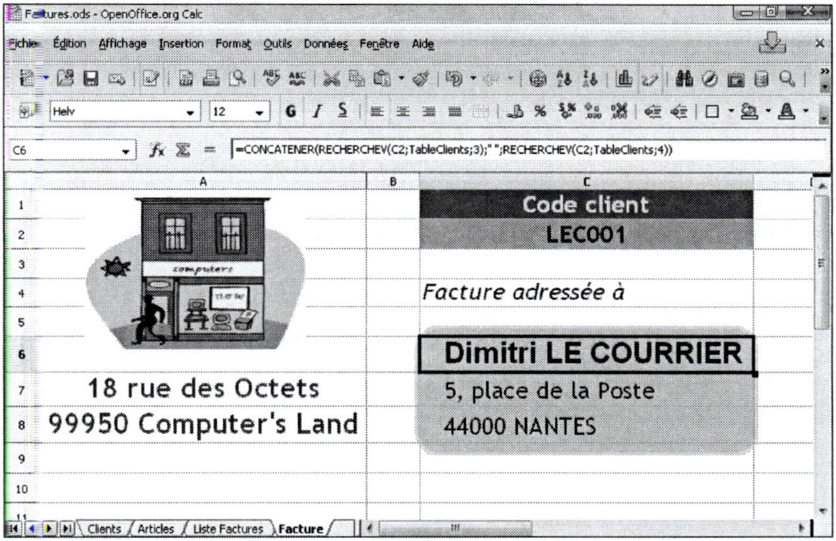

Sur cet exemple, la fonction CONCATENER affiche le prénom et le nom du client résultant de deux fonctions de RechercheV séparées par un espace.

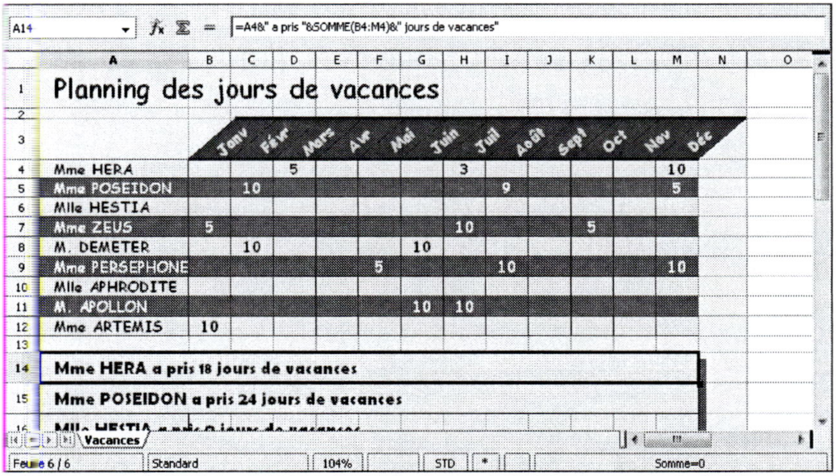

Sur cet exemple, le résultat de la formule saisie en A14 permet d'afficher le contenu de la cellule A4 suivi d'un texte puis du résultat de la somme des cellules B4 à M4 et d'un autre texte.

© Editions ENI - Toute reproduction interdite

Créer un scénario

Un scénario est un ensemble de valeurs que Calc enregistre et peut remplacer automatiquement dans votre feuille de calcul. Vous pouvez créer et enregistrer différents groupes de valeurs dans une feuille de calcul, puis basculer vers un de ces nouveaux scénarios pour visualiser différents résultats.

Sélectionnez les cellules à partir desquelles vous souhaitez créer le scénario.

Vous devez au moins sélectionner deux cellules (contiguës ou non) pour que la commande permettant la création d'un scénario soit disponible.

Outils - Scénarios

Saisissez le **Nom du scénario** dans la zone de saisie correspondante.

Modifiez, éventuellement, le **Commentaire** du scénario dans la zone de liste correspondante.

Laissez l'option **Afficher la bordure** cochée si vous souhaitez que la plage de cellules constituant le scénario soit encadrée d'une bordure et qu'une zone de liste s'affiche en haut du cadre, vous permettant ainsi de sélectionner un scénario ; à l'inverse, vous ne pourrez pas sélectionner un scénario par l'intermédiaire de la plage de cellules.

Si vous avez choisi d'**Afficher la bordure**, modifiez éventuellement la couleur de celle-ci à l'aide de la liste de couleurs associée.

Laissez l'option **Recopier** cochée si vous souhaitez que les valeurs des cellules de votre scénario puissent être modifiées lorsqu'il est sélectionné ; à l'inverse, votre scénario reprendra les valeurs des cellules de la plage sélectionnée dans votre feuille et demeurera inchangé lors de la modification de ces valeurs.

Cochez l'option **Copier la feuille entière** si vous souhaitez faire une copie de la feuille contenant les données de votre scénario ; la nouvelle feuille reprend le nom de votre nouveau scénario et s'insère à droite de la feuille active.

Cliquez sur le bouton **OK**.

Saisissez les valeurs correspondant au nouveau scénario dans les cellules visibles dans le cadre.

*Si, lors de la création du scénario (boîte de dialogue **Création d'un scénario**), l'option **Recopier** a été décochée, il n'est pas nécessaire de saisir les valeurs du nouveau scénario. En effet, quelles que soient les valeurs saisies, le scénario gardera les valeurs contenues dans la plage de cellules sélectionnée lors de sa création.*

Créer un scénario

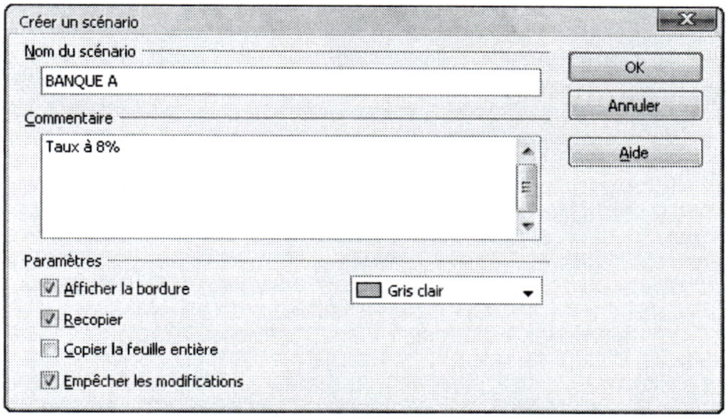

Par défaut, la zone **Commentaire** affiche le nom de l'utilisateur ainsi que la date et l'heure de création du scénario.

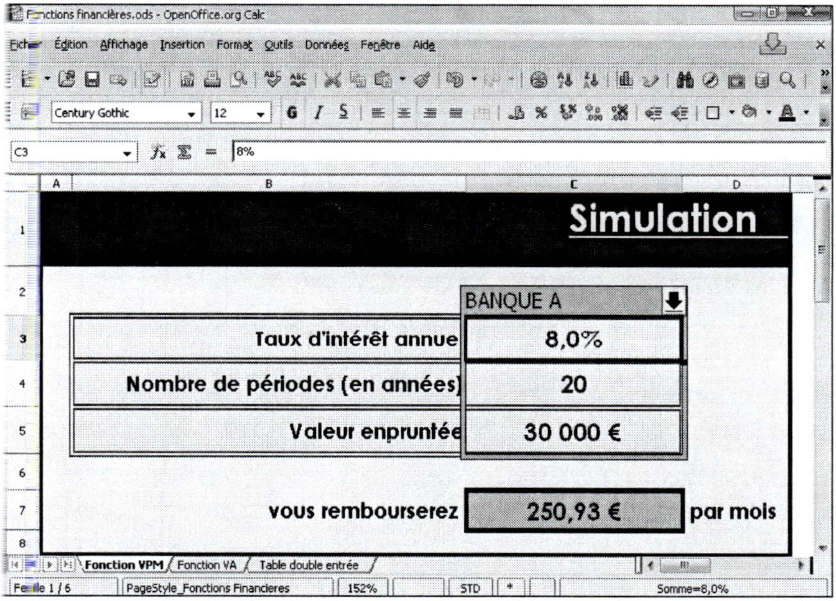

Le nom du scénario apparaît sous forme de liste au-dessus de la première cellule sélectionnée lors de la création du scénario.

© Editions ENI - Toute reproduction interdite

Afficher les données d'un scénario

Première méthode

*Cette méthode peut être utilisée seulement si l'option **Afficher la bordure** a été cochée lors de la création du scénario (cf. titre précédent).*

Ouvrez la liste contenant le scénario à afficher.

Cliquez sur le nom du scénario contenant les valeurs à afficher.

Si des cellules du scénario sont utilisées dans des formules de calcul, les cellules correspondantes se mettent à jour automatiquement en fonction des valeurs contenues dans le scénario.

Deuxième méthode

Affichez la fenêtre du Navigateur à l'aide de la commande **Édition - Navigateur**, du raccourci-clavier F5 ou de l'outil.

Cliquez sur le bouton pour afficher la liste des scénarios dans la fenêtre du Navigateur.

Faites un double clic sur le nom du scénario contenant les données à afficher.

Fermez, éventuellement, la fenêtre du Navigateur en cliquant sur le bouton.

Afficher les données d'un scénario

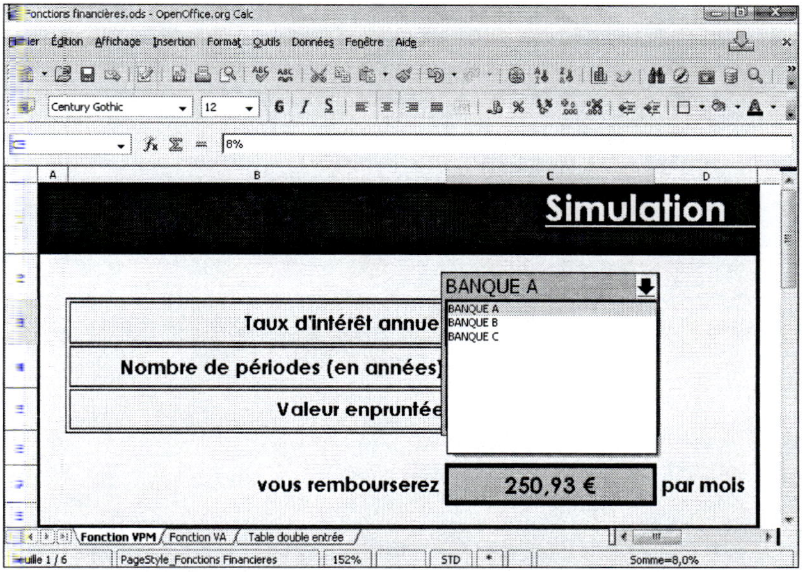

Ici, trois scénarios ont été créés pour la plage de cellules C3 à C5.

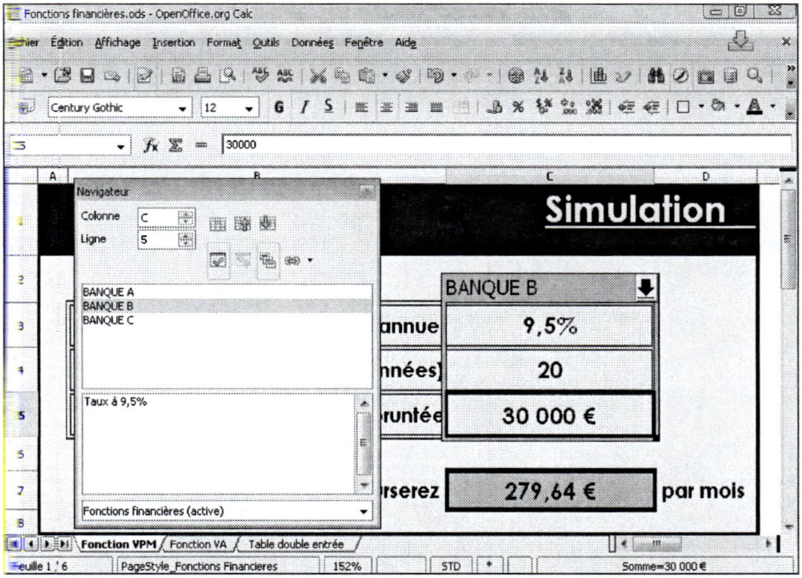

Le commentaire du scénario sélectionné est visible dans la partie inférieure du Navigateur.

© Editions ENI - Toute reproduction interdite

Gérer les scénarios

Affichez la fenêtre du Navigateur à l'aide de la commande **Édition - Navigateur**, du raccourci-clavier F5 ou de l'outil .

Cliquez sur le bouton pour afficher la liste des scénarios dans la fenêtre du Navigateur.

Pour modifier les propriétés d'un scénario, faites un clic droit sur son nom dans la fenêtre du Navigateur puis cliquez sur l'option **Propriétés**.

Réalisez ensuite les modifications souhaitées (nom, commentaire...) puis cliquez sur le bouton **OK**.

Pour supprimer un scénario, faites un clic droit sur son nom dans la fenêtre du Navigateur, cliquez sur l'option **Supprimer** puis confirmez la suppression en cliquant sur le bouton **Oui**.

Rechercher une valeur cible

Cette technique vous permet de résoudre le problème suivant : quelle valeur doit contenir une cellule pour que tel résultat atteigne telle valeur cible.

Activez la cellule qui doit atteindre une valeur précise et vérifiez qu'elle contient bien une formule de calcul.

Si possible, faites en sorte de visualiser en même temps la cellule à modifier.

Outils - Recherche de valeur cible

Vérifiez que la zone **Cellule de formule** fait bien référence à la cellule (ou au nom de la cellule) qui contient la formule pour laquelle vous souhaitez trouver une solution.

Précisez quelle doit être la valeur à atteindre dans la zone **Valeur cible**.

Précisez dans la zone **Cellule variable**, la référence de cellule (ou le nom de la cellule) que vous souhaitez ajuster durant la recherche de la valeur cible.

Cliquez sur le bouton **OK** pour lancer la recherche.

Dès que Calc a trouvé une solution, il s'arrête et affiche ses conclusions dans une fenêtre.

Si le résultat proposé vous convient, cliquez sur le bouton **Oui** pour le conserver dans la cellule active. Si vous souhaitez garder les valeurs d'origine, cliquez sur le bouton **Non**.

Gérer les scénarios

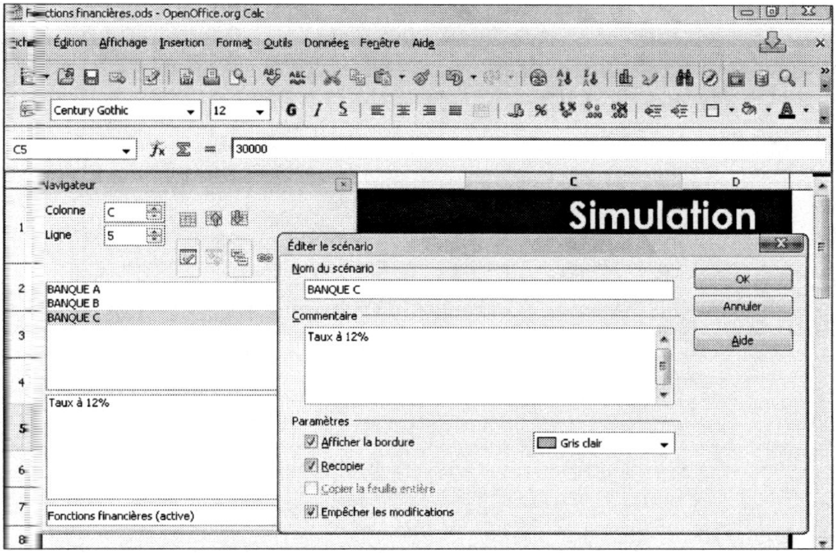

Ici, le scénario **BANQUE C** est en cours de modification.

Rechercher une valeur cible

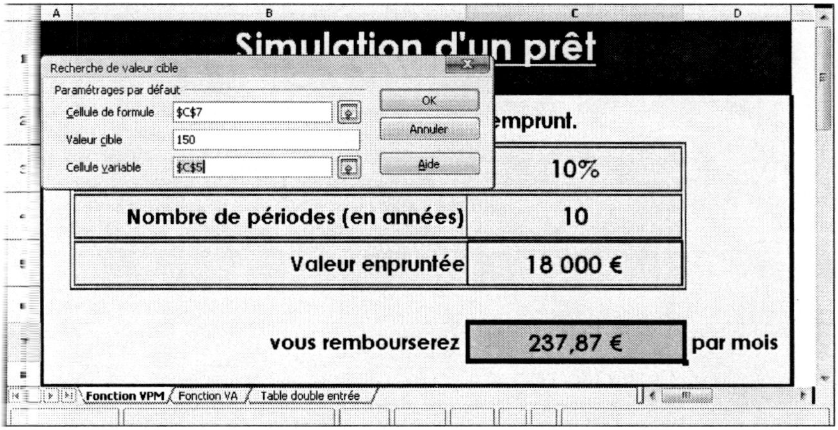

En remboursant 150 € par mois, quel sera le montant du capital emprunté ?

© Editions ENI - Toute reproduction interdite

Utiliser le Solveur

Tout comme la recherche de valeur cible, le solveur permet de résoudre un problème mais en permettant de spécifier plusieurs variables et contraintes limitatives.

Activez la cellule à définir.

Outils - Solveur

Vérifiez que la zone **Cellule cible** fait bien référence à la cellule qui contient la formule pour laquelle vous souhaitez trouver une solution.

Précisez si la cellule doit être minimisée, maximisée ou si elle doit atteindre une valeur fixe en activant l'option **Maximum**, **Minimum** ou **Valeur de** et saisissez, dans ce cas-là, la valeur à atteindre dans la zone de saisie ou sélectionnez la cellule contenant la valeur exacte à atteindre.

Dans la zone **Par modification de cellules**, sélectionnez les cellules à modifier pour atteindre la valeur cible.

- Si besoin, renseignez, dans le cadre correspondant, les **Conditions de limitation**, en complétant : la **Référence de cellule**, l'**Opérateur** et la **Valeur** de comparaison dans les zones correspondantes et ce, pour chaque contrainte à préciser.

  Cliquez sur le bouton **Résoudre**.

  Le solveur réalise de nombreux calculs puis vous informe qu'une solution a été trouvée.

- Pour conserver la solution, cliquez sur le bouton **Conserver le résultat**. Pour rétablir les valeurs d'origine, cliquez sur le bouton **Restaurer les précédentes**.

  Pour supprimer une condition, cliquez sur l'icône  correspondante.

Utiliser le Solveur

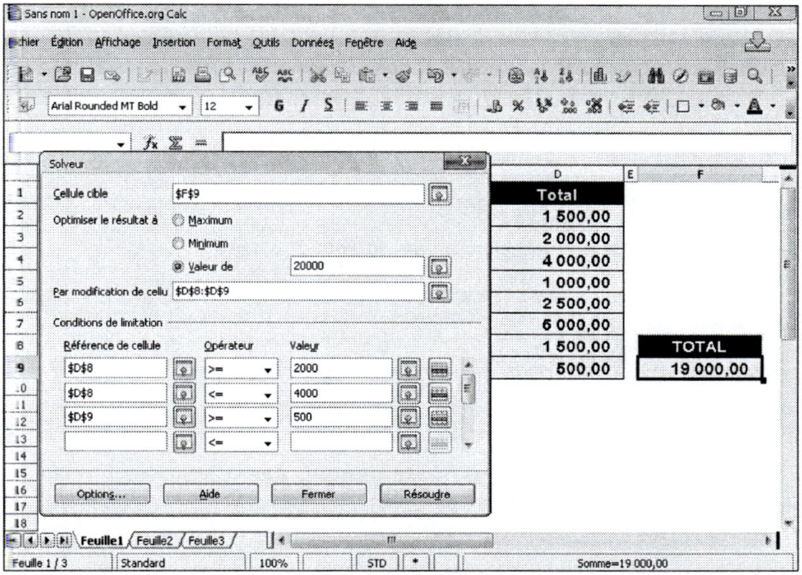

Sur cet exemple, la valeur à atteindre en F9 est 20000. Les cellules **D8 et D9** peuvent être modifiées sachant que la valeur en **D8** doit être comprise entre **2000** et **4000** et la valeur en **D9** doit être supérieure ou égale à **500**.

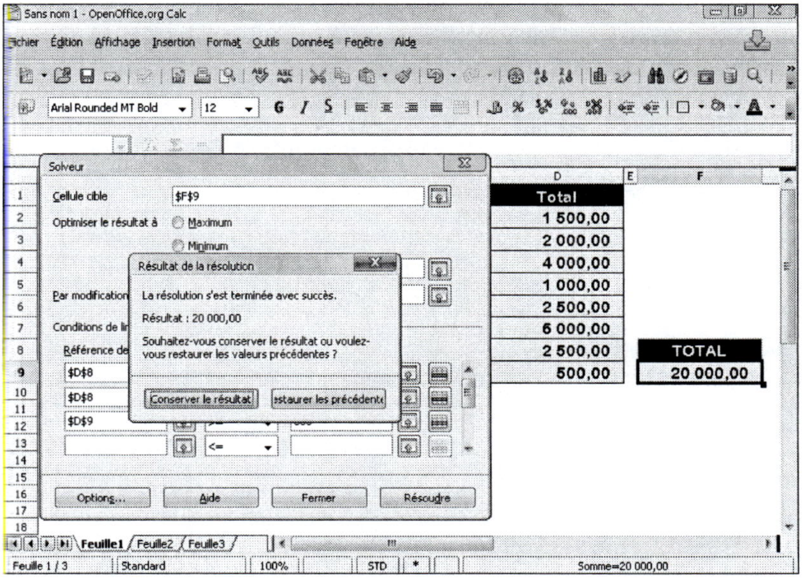

© Editions ENI - Toute reproduction interdite

Mettre en évidence les valeurs

Il s'agit ici, de distinguer dans le classeur actif les cellules contenant une valeur de celles contenant une formule.

Pour mettre en évidence les valeurs, utilisez la commande **Affichage - Mise en évidence des valeurs** ou le raccourci-clavier Ctrl F8.

*Une coche est désormais visible à gauche de la commande **Mise en évidence des valeurs** du menu **Affichage**, ce qui signifie que la commande est active.*

Trois couleurs différentes sont visibles dans la feuille active.

Pour supprimer la mise en évidence des valeurs, utilisez de nouveau la commande **Affichage - Mise en évidence des valeurs** ou le raccourci-clavier Ctrl F8.

*La coche n'est plus visible à gauche de la commande **Mise en évidence des valeurs**.*

Si vous avez appliqué des couleurs au contenu de certaines cellules, celles-ci ne s'affichent plus lorsque la commande **Mise en évidence des valeurs** est cochée ; elles deviennent de nouveau visibles lorsque vous désactivez la mise en évidence des valeurs.

Afficher les formules à la place des résultats

Vous pouvez demander à afficher les formules de calcul à la place des résultats dans le but, par exemple, de les imprimer. Dans ce cas, les formules apparaîtront dans tous les classeurs existants ainsi que dans tous les nouveaux classeurs que vous allez créer.

Outils - Options

Développez la catégorie **OpenOffice.org Calc** puis cliquez sur **Affichage**.

Cochez l'option **Formules** visible dans la zone **Afficher**.

Cliquez sur le bouton **OK**.

Les formules sont alors visibles dans la feuille de calcul à la place des résultats.

Pour afficher de nouveau les résultats, décochez l'option **Formules** de la boîte de dialogue **Options** (**Outils - Options - OpenOffice.orgCalc - Affichage**).

Si, dans certaines cellules, vous visualisez des dièses (#) à la place des formules de calcul, cela signifie que la colonne correspondante n'est pas suffisamment large pour afficher les formules. Dans ce cas, vous devez augmenter la largeur des colonnes concernées.

Mettre en évidence les valeurs

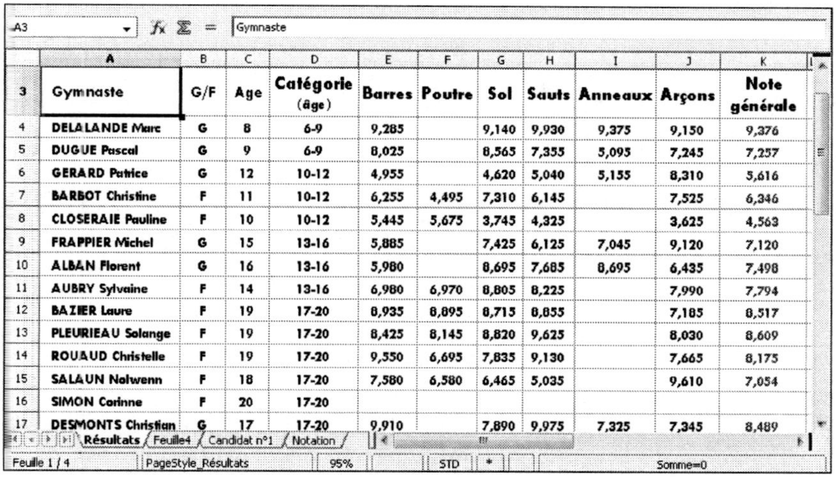

	A	B	C	D	E	F	G	H	I	J	K
3	Gymnaste	G/F	Age	Catégorie (âge)	Barres	Poutre	Sol	Sauts	Anneaux	Arçons	Note générale
4	DELALANDE Marc	G	8	6-9	9,285		9,140	9,930	9,375	9,150	9,376
5	DUGUE Pascal	G	9	6-9	8,025		8,565	7,355	5,095	7,245	7,257
6	GERARD Patrice	G	12	10-12	4,955		4,620	5,040	5,155	8,310	5,616
7	BARBOT Christine	F	11	10-12	6,255	4,495	7,310	6,145		7,525	6,346
8	CLOSERAIE Pauline	F	10	10-12	5,445	5,675	3,745	4,325		3,625	4,563
9	FRAPPIER Michel	G	15	13-16	5,885		7,425	6,125	7,045	9,120	7,120
10	ALBAN Florent	G	16	13-16	5,980		8,695	7,685	8,695	6,435	7,498
11	AUBRY Sylvaine	F	14	13-16	6,980	6,970	8,805	8,225		7,990	7,794
12	BAZIER Laure	F	19	17-20	8,935	8,895	8,715	8,855		7,185	8,517
13	PLEURIEAU Solange	F	19	17-20	8,425	8,145	8,820	9,625		8,030	8,609
14	ROUAUD Christelle	F	19	17-20	9,550	6,695	7,835	9,130		7,665	8,175
15	SALAUN Nolwenn	F	18	17-20	7,580	6,580	6,465	5,035		9,610	7,054
16	SIMON Corinne	F	20	17-20							
17	DESMONTS Christian	G	17	17-20	9,910		7,890	9,975	7,325	7,345	8,489

Les cellules de texte sont formatées en noir, les cellules numériques en bleu et les cellules contenant des formules en vert.

Afficher les formules à la place des résultats

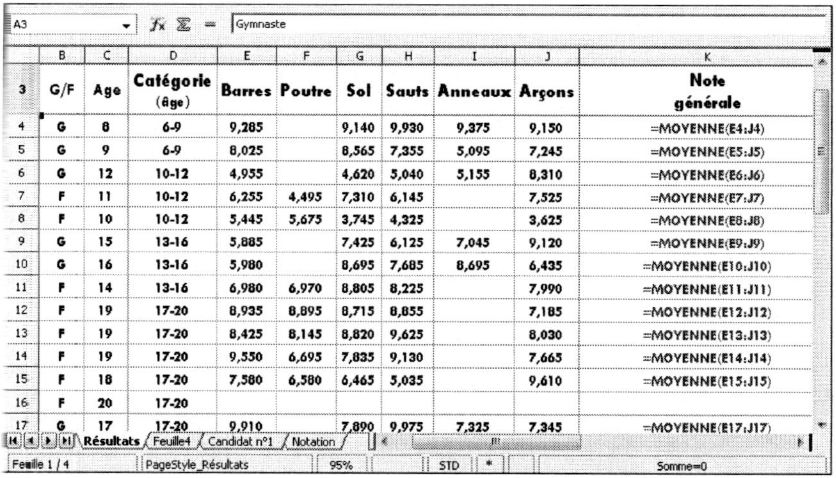

	B	C	D	E	F	G	H	I	J	K
3	G/F	Age	Catégorie (âge)	Barres	Poutre	Sol	Sauts	Anneaux	Arçons	Note générale
4	G	8	6-9	9,285		9,140	9,930	9,375	9,150	=MOYENNE(E4:J4)
5	G	9	6-9	8,025		8,565	7,355	5,095	7,245	=MOYENNE(E5:J5)
6	G	12	10-12	4,955		4,620	5,040	5,155	8,310	=MOYENNE(E6:J6)
7	F	11	10-12	6,255	4,495	7,310	6,145		7,525	=MOYENNE(E7:J7)
8	F	10	10-12	5,445	5,675	3,745	4,325		3,625	=MOYENNE(E8:J8)
9	G	15	13-16	5,885		7,425	6,125	7,045	9,120	=MOYENNE(E9:J9)
10	G	16	13-16	5,980		8,695	7,685	8,695	6,435	=MOYENNE(E10:J10)
11	F	14	13-16	6,980	6,970	8,805	8,225		7,990	=MOYENNE(E11:J11)
12	F	19	17-20	8,935	8,895	8,715	8,855		7,185	=MOYENNE(E12:J12)
13	F	19	17-20	8,425	8,145	8,820	9,625		8,030	=MOYENNE(E13:J13)
14	F	19	17-20	9,550	6,695	7,835	9,130		7,665	=MOYENNE(E14:J14)
15	F	18	17-20	7,580	6,580	6,465	5,035		9,610	=MOYENNE(E15:J15)
16	F	20	17-20							
17	G	17	17-20	9,910		7,890	9,975	7,325	7,345	=MOYENNE(E17:J17)

© Editions ENI - Toute reproduction interdite

Afficher les erreurs

Lorsque dans une cellule, le résultat d'une formule affiche une erreur comme #Nom?, #VALEUR!..., il est possible de retrouver toutes les cellules qui interviennent dans cette formule.

Activez la cellule contenant l'erreur.

Outils - Audit - Repérer les erreurs

Des flèches de repère apparaissent à l'écran.

Effectuer le suivi des relations entre les formules et les cellules

Afficher les antécédents

Il s'agit de repérer, à l'aide des flèches d'audit, les cellules intervenant dans une formule.

Sélectionnez la cellule contenant la formule.

Outils - Audit - Repérer les antécédents ou Shift F7

Les cellules d'antécédents apparaissent encadrées et une flèche les relie à la formule de calcul.

Pour masquer les flèches des antécédents, utilisez la commande **Outils - Audit - Supprimer le repérage des antécédants**.

Pour afficher les antécédents, vous pouvez aussi utiliser le Mode remplissage. Pour cela, utilisez la commande **Outils - Audit - Mode remplissage** (le pointeur de la souris se transforme en pot de peinture puis cliquez successivement sur les cellules pour lesquelles vous souhaitez afficher les antécédents. Pour quitter le Mode remplissage, appuyez sur la touche Echap .

Afficher les erreurs

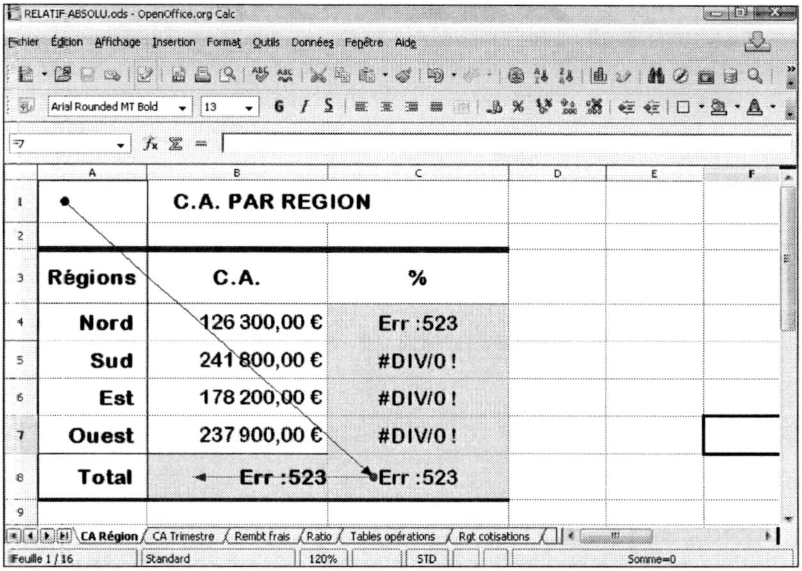

Les flèches rouges relient la cellule qui a produit l'erreur à celles qui y font référence, tandis que les flèches bleues désignent les antécédents de la cellule qui a entraîné l'erreur.

Effectuer le suivi des relations entre les formules et les cellules

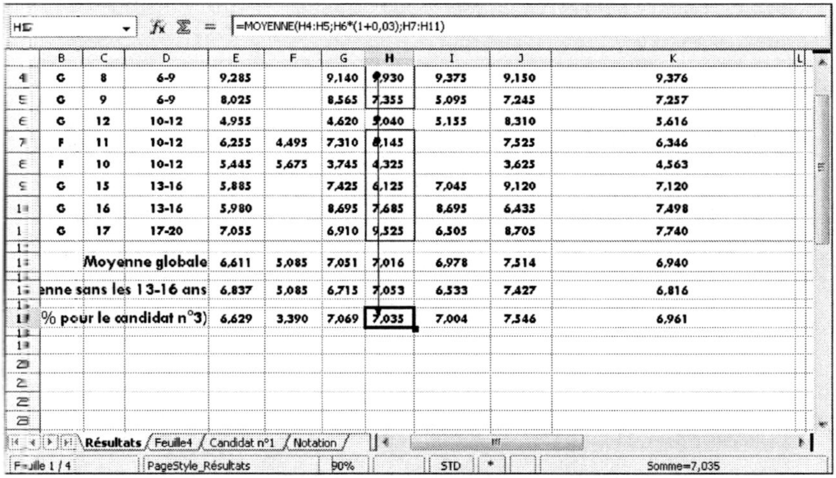

Ici, la flèche bleue repère les antécédents de la cellule H17.

© Editions ENI - Toute reproduction interdite

Afficher les dépendants

Il s'agit de repérer, à l'aide des flèches d'audit, les cellules contenant une formule qui font référence à la cellule sélectionnée.

Activez la cellule concernée.

Outils - Audit - Repérer les dépendants ou Sys F5

Des flèches bleues pointent sur toutes les cellules qui dépendent de la cellule active.

Pour masquer les flèches des dépendants, utilisez la commande **Supprimer le repérage des dépendants**.

Pour supprimer toutes les flèches de repère (marques de données incorrectes, antécédents, dépendants...) de la feuille de calcul active, utilisez la commande **Outils - Audit - Supprimer tous les repères**.

Actualiser les repères

Pour actualiser automatiquement les repères, veillez à ce que l'option **Actualiser automatiquement** du menu **Outils - Audit** soit cochée.

Calc actualise automatiquement tous les repères de la feuille de calculs chaque fois que vous modifiez une formule ou que vous déplacez une cellule ; l'option ***Actualiser automatiquement*** *est cochée par défaut.*

Pour actualiser manuellement les repères, désactivez, si besoin est, l'option **Actualiser automatiquement** du menu **Outils - Audit**.

Ensuite, après une modification de formule ou un déplacement de cellule, utilisez la commande **Outils - Audit - Actualiser les repères**.

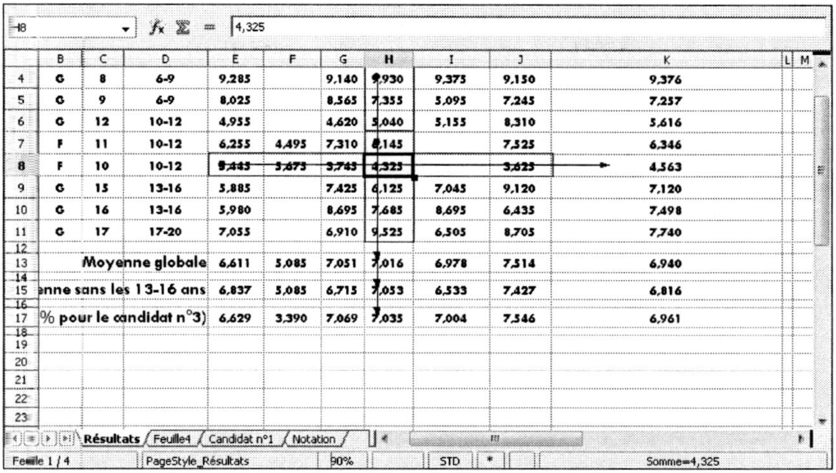

La cellule H8 intervient dans la formule des cellules K8, H13, H15 et H17.

Actualiser les repères

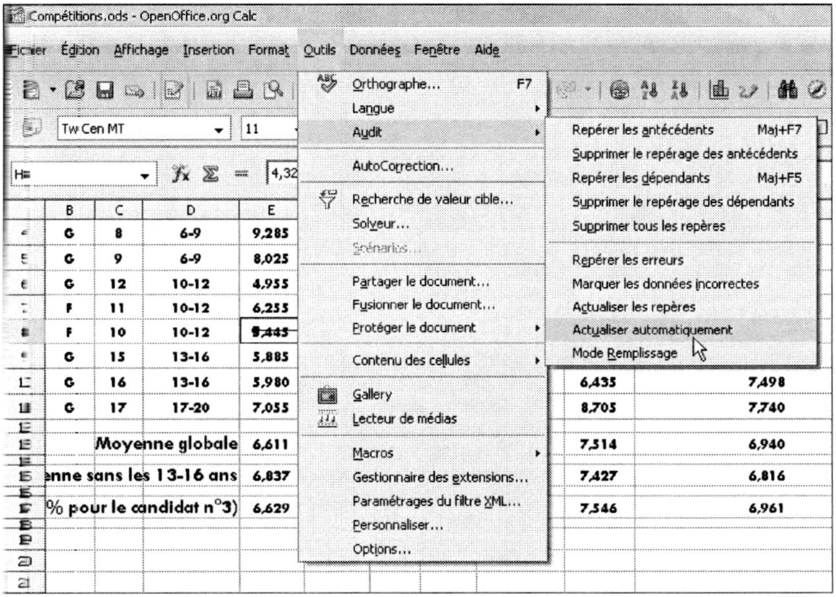

L'option **Actualiser les repères** n'est disponible que si l'option **Actualiser automatiquement** est décochée.

© Editions ENI - Toute reproduction interdite

NOTES PERSONNELLES

Partie 3

GRAPHIQUES

Modifier l'échelle d'un graphique

Lors de la création d'un graphique, Calc définit automatiquement l'échelle de l'axe des ordonnées (Y) de façon à optimiser l'affichage des valeurs. Si cette échelle ne vous convient pas, vous avez la possibilité de modifier manuellement les graduations ainsi que les intervalles de cet axe.

Activez le graphique en réalisant un double clic dessus.

Sélectionnez l'axe des ordonnées (Y).

Format - Propriétés de l'objet

Vous pouvez aussi faire un double clic sur l'axe des ordonnées pour faire apparaître la boîte de dialogue ***Axe Y****.*

Cliquez sur l'onglet **Échelle**.

Modifiez la ou les valeurs des options visibles dans la zone **Échelle de l'axe** en procédant comme suit pour chaque valeur à modifier :

- Décochez l'option **Automatique** associée à la zone concernée.
- Saisissez la nouvelle valeur dans la zone de saisie correspondante : l'option **Minimum** correspond à la valeur la plus petite, l'option **Maximum** à la valeur la plus élevée ; les options **Intervalle principal** et **Intervalle secondaire** correspondent aux intervalles entre les graduations principales et secondaires.

Modifiez, éventuellement, la valeur de l'intersection entre l'axe des ordonnées (Y) et l'axe des abscisses (X) dans la zone **Axe à**.

Attention, vous avez accès à cette zone uniquement si l'option ***Automatique*** *correspondante est décochée.*

Si vous souhaitez opter pour une **Échelle logarithmique**, cochez l'option correspondante.

Choisissez si vous souhaitez afficher ou non les **Marques d'intervalle principal** et/ou les **Marques d'intervalle secondaire** en cochant ou décochant les options **Intérieur** et/ou **Extérieur** des zones correspondantes.

L'option ***Intérieur*** *permet d'afficher les marques d'intervalle principal et/ou secondaire à l'intérieur de la zone du graphique tandis que l'option* ***Extérieur*** *permet de les afficher à l'extérieur de cette zone.*

Cliquez sur le bouton **OK**.

Modifier l'échelle d'un graphique

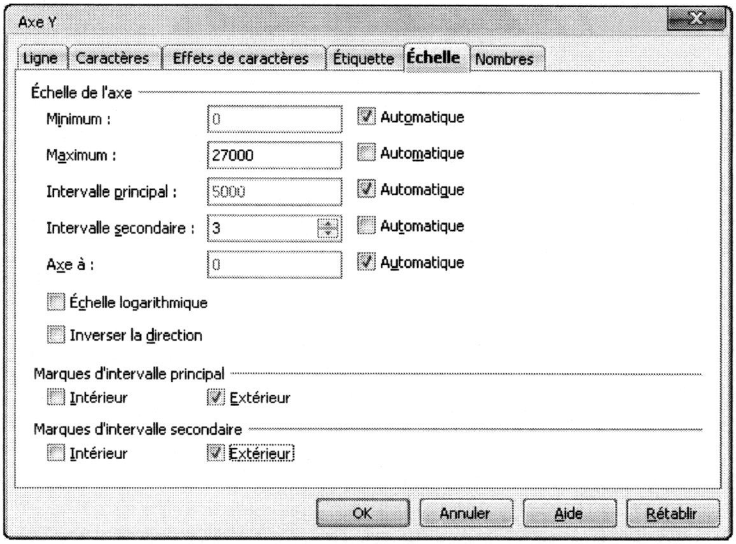

Lorsqu'une option **Automatique** est cochée, la zone de saisie associée n'est pas accessible.

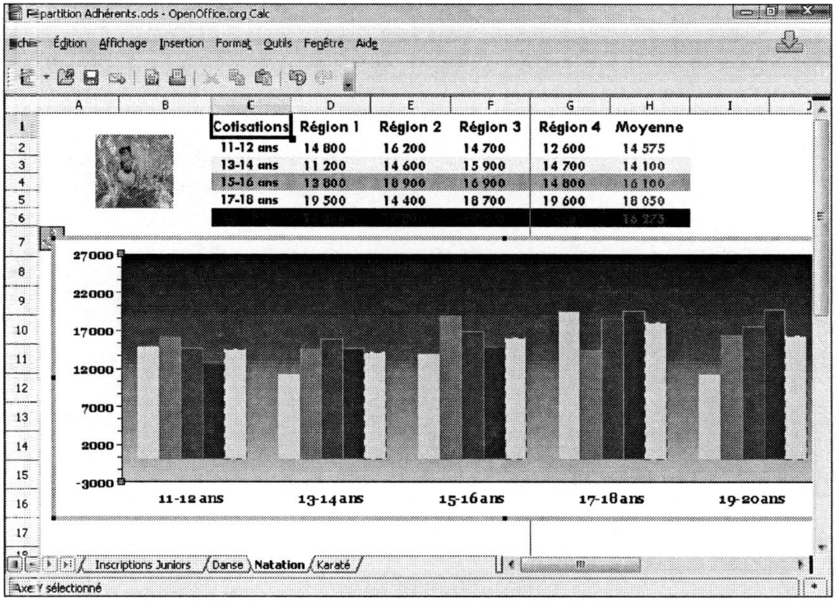

Ici, les marques d'intervalle secondaire ont été ajoutées à l'axe des ordonnées Y.

© Editions ENI - Toute reproduction interdite

Modifier l'affichage des étiquettes d'un axe

Activez le graphique en réalisant un double clic dessus.

Sélectionnez l'axe contenant les étiquettes dont vous souhaitez modifier l'affichage.

Format - Propriétés de l'objet - onglet **Étiquette**

Veillez à ce que l'option **Afficher l'étiquette** soit cochée ; à l'inverse, les étiquettes ne sont pas visibles dans le graphique.

Choisissez la disposition des étiquettes sur l'axe en activant une des options de la zone **Disposition** :

Juxtaposer	Les étiquettes sont disposées les unes à côté des autres.
Transposer haut-bas	Les étiquettes sont décalées les unes par rapport aux autres : la seconde étiquette est décalée vers le bas par rapport à la première, la troisième étiquette est décalée vers le haut par rapport à la seconde et ainsi de suite.
Transposer bas-haut	Les étiquettes sont décalées les unes par rapport aux autres : la seconde étiquette est décalée vers le haut par rapport à la première, la troisième étiquette est décalée vers le bas par rapport à la seconde et ainsi de suite.
Automatique	Les étiquettes sont disposées automatiquement sur l'axe.

Cochez l'option **Chevauchement** de la zone **Enchaînements** si vous souhaitez autoriser le chevauchement des étiquettes de données.

Cochez l'option **Saut** de la zone **Enchaînements** si vous souhaitez que le contenu des étiquettes puisse être affiché sur plusieurs lignes.

Modifiez éventuellement l'orientation des étiquettes en cliquant sur un endroit de la roue visible dans la zone **Orientation** ou en spécifiant une valeur dans la zone de saisie **Degrés** ; si vous souhaitez que le contenu des étiquettes soit **Empilé verticalement**, cochez l'option correspondante : les caractères constituant les étiquettes apparaissent les uns en dessous des autres.

Cliquez sur le bouton **OK**.

Modifier l'affichage des étiquettes d'un axe

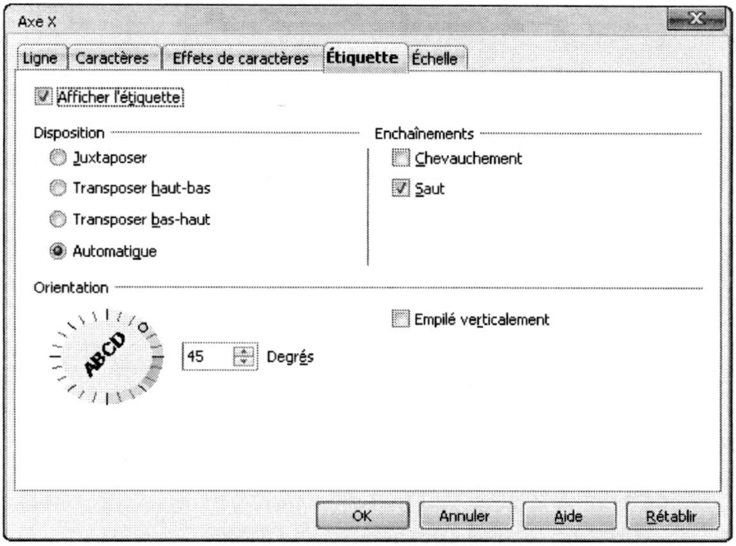

Par défaut, les étiquettes sont disposées automatiquement sur l'axe.

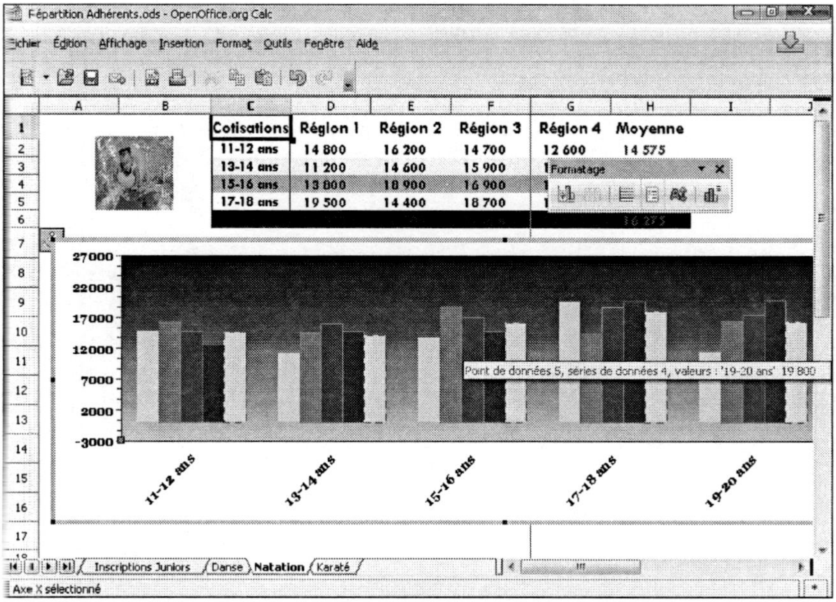

Ici, l'orientation des étiquettes de l'axe X a été modifiée.

© Editions ENI - Toute reproduction interdite

Mettre en valeur les caractères d'un élément du graphique

Activez le graphique concerné à l'aide d'un double clic dessus.

Sélectionnez l'élément de texte concerné (titre, légende...).

Format - Propriétés de l'objet

Pour modifier la **Police**, le **Style** ainsi que la **Taille** des caractères, utilisez les options correspondantes de l'onglet **Caractères**.

Pour modifier des **Effets de caractères**, tels que le soulignage, la couleur ou encore le relief, utilisez les options de l'onglet correspondant.

Cliquez sur le bouton **OK**.

Si, lorsque vous modifiez la taille du graphique, vous souhaitez que la taille du texte se modifie automatiquement, veillez à ce que l'outil **Échelle de texte** soit actif.

Intervenir sur la superposition des barres

Activez le graphique en réalisant un double clic dessus.

Sélectionnez une série du graphique.

Format - Propriétés de l'objet

Vous pouvez aussi réaliser un double clic sur une série du graphique.

Cliquez sur l'onglet **Options**.

Dans la zone **Chevauchement**, entrez une valeur comprise entre -100 et 100 pour spécifier l'importance de la superposition des barres.

Dans la zone **Espacement**, tapez une valeur comprise entre 0 et 600 pour réduire ou augmenter l'espace entre les groupes de barres.

Cliquez sur le bouton **OK** pour valider.

Mettre en valeur les caractères d'un élément du graphique

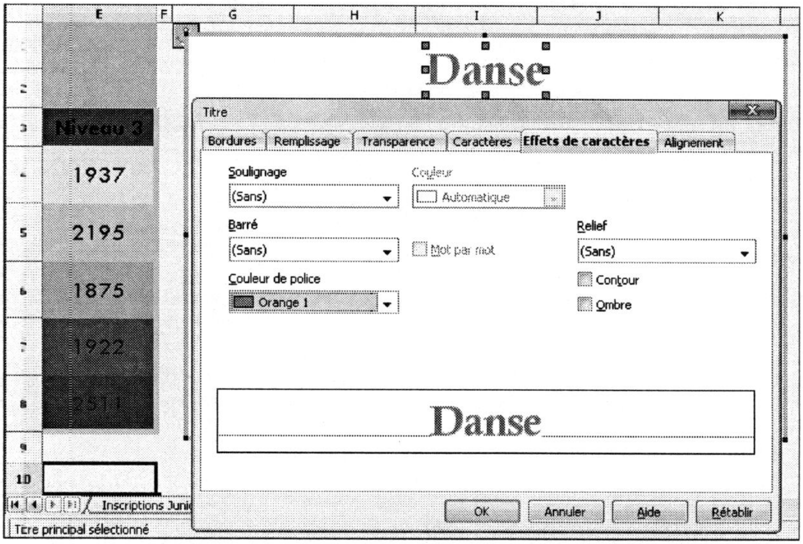

La couleur orange va être appliquée au texte du titre du graphique.

Intervenir sur la superposition des barres

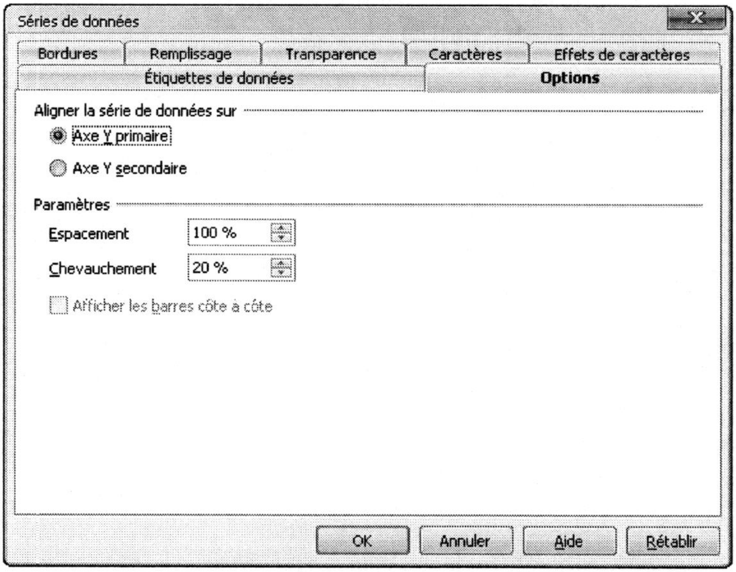

Plus la valeur de **Chevauchement** est élevée, plus les barres sont superposées.

© Editions ENI - Toute reproduction interdite

Modifier le format des nombres des étiquettes de l'axe Y

Activez le graphique en réalisant un double clic dessus.

Sélectionnez l'axe Y.

Format - Propriétés de l'objet

Vous pouvez aussi réaliser un double clic sur l'axe Y.

Cliquez sur l'onglet **Nombres**.

Décochez, si nécessaire, l'option **Format de la source**.

Cette option est cochée par défaut et permet d'utiliser le format numérique appliqué aux cellules des données du graphique.

Sélectionnez la **Catégorie** puis le **Format** souhaité et modifiez éventuellement les **Options** à l'aide des options de la zone correspondante.

Cliquez sur le bouton **OK**.

Éclater une part d'un graphique sectoriel

Activez le graphique sectoriel par un double clic dessus.

Sélectionnez la part à éclater en cliquant deux fois dessus

Attention, il ne faut pas réaliser un double clic : les deux clics ne doivent pas être trop rapprochés.

Déplacez cette part en réalisant un cliqué-glissé.

Modifier le format des nombres des étiquettes de l'axe Y

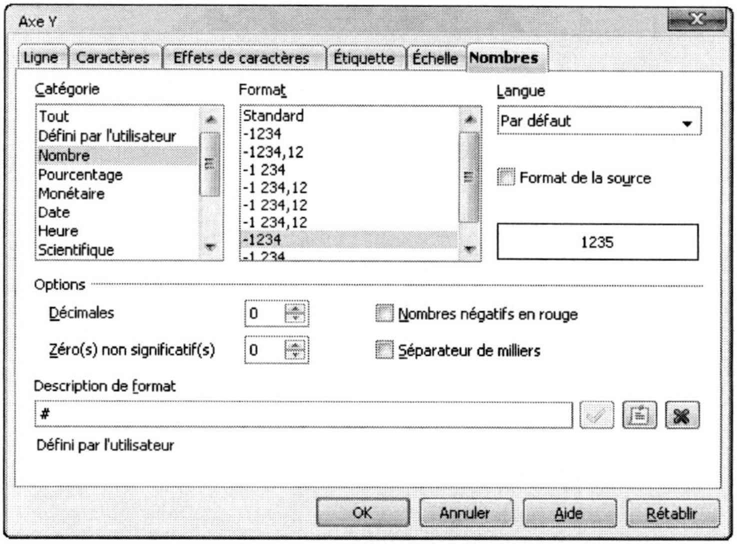

Lorsque l'option **Format de la source** est cochée, toutes les options sont grisées, donc indisponibles.

Elater une part d'un graphique sectoriel

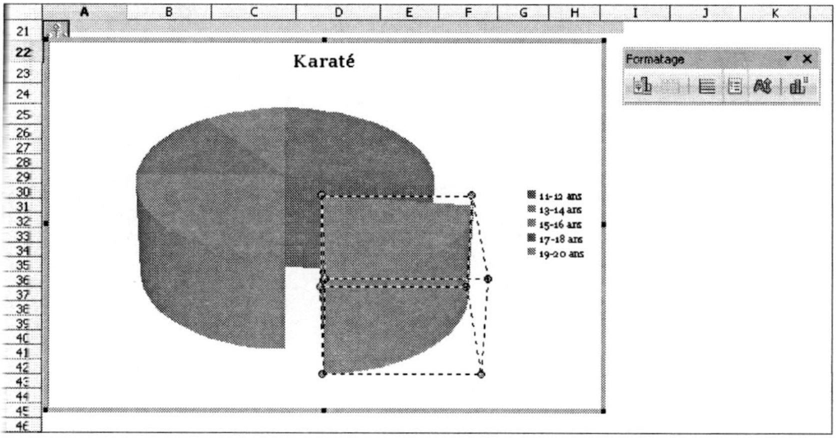

Vous pouvez éclater plusieurs parts d'un même graphique sectoriel.

© Editions ENI - Toute reproduction interdite

Faire pivoter un graphique en 3D

Activez le graphique en 3D concerné en réalisant un double clic dessus.

Cliquez sur le graphique afin de sélectionner la zone graphique et ainsi visualiser un pointeur en forme de flèche incurvée ↻.

Cliquez et faites glisser dans le sens souhaité pour faire pivoter le graphique et les axes correspondants.

Pour faire pivoter un graphique en 3D, vous pouvez aussi modifier l'inclinaison des axes à l'aide des options de la boîte de dialogue **Affichage 3D** (**Format - Affichage 3D**).

Faire pivoter un graphique en 3D

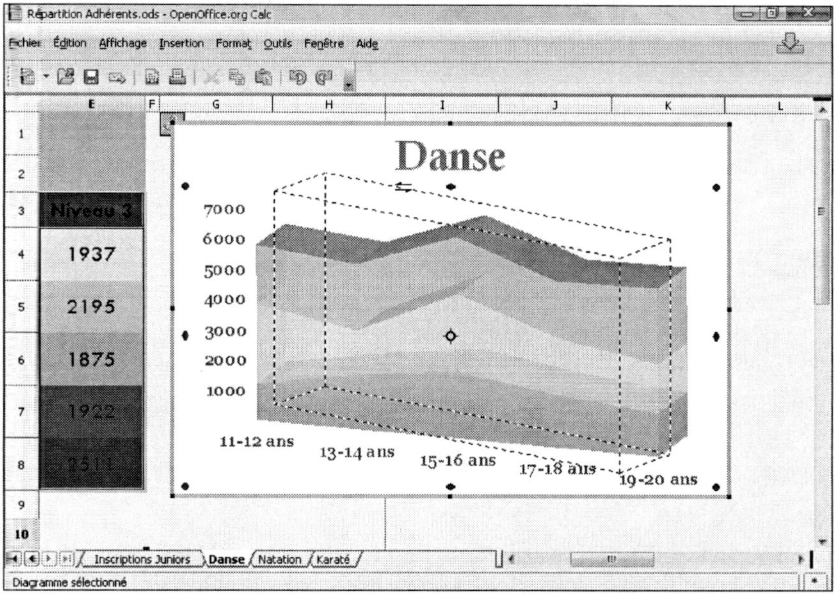

La future position du graphique est visible lors du cliqué-glissé.

© Editions ENI - Toute reproduction interdite

Ajouter une série/une catégorie de données dans un graphique

Sélectionnez les cellules contenant les données à ajouter au graphique.

Pointez la sélection, cliquez puis réalisez un cliqué-glissé vers le graphique.

Le graphique atteint, appuyez sur la touche Ctrl, relâchez le bouton de la souris puis terminez en relâchant la touche Ctrl.

La série ou la catégorie s'ajoute en dernière position.

Pour ajouter une série ou une catégorie dans un graphique qui se trouve sur une autre feuille que les données, le principe est identique : sélectionnez les données à ajouter, activez la feuille contenant le graphique en faisant glisser les données sur l'onglet correspondant puis réalisez un cliqué-glissé vers le graphique. Une fois le graphique atteint, appuyez sur la touche Ctrl, relâchez le bouton de la souris puis la touche Ctrl.

Ajouter un axe secondaire

Si les valeurs de plusieurs séries varient énormément ou si les séries représentent différents types de données (par exemple des ventes et des répartitions en pourcentage), vous pouvez représenter une ou plusieurs séries sur un axe secondaire.

Activez le graphique en réalisant un double clic dessus.

Sélectionnez la série concernée.

Format - Propriétés de l'objet - onglet **Options**

Activez l'option **Axe Y secondaire**.

Cliquez sur le bouton **OK**.

Ajouter une série/une catégorie de données dans un graphique

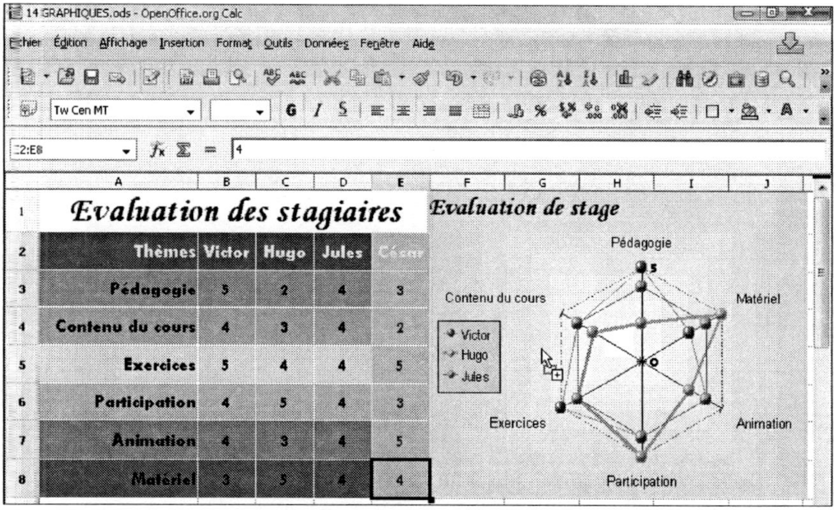

La série **César** va être ajoutée au graphique.

Ajouter un axe secondaire

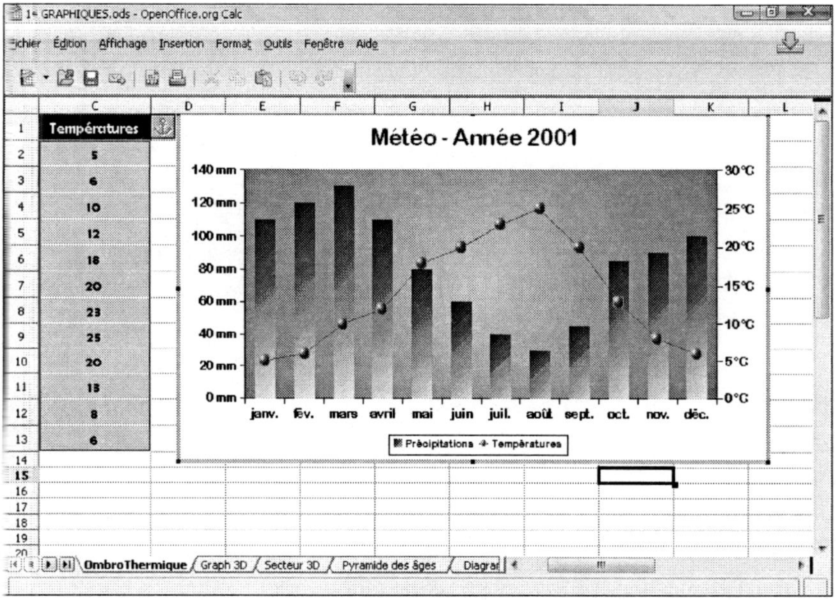

Sur cet exemple, la série "Températures" est associée à l'axe secondaire visible sur le côté droit du graphique.

© Editions ENI - Toute reproduction interdite

Modifier l'ordre des séries

Activez le graphique en réalisant un double clic dessus.

Sélectionnez la série pour laquelle vous souhaitez modifier l'ordre.

Cliquez sur le menu **Format** puis pointez l'option **Disposition**.

Cliquez sur l'option **Envoyer vers l'avant** ou sur l'option **Envoyer vers l'arrière**.

La série est déplacée ainsi que son symbole dans la légende.

La première série ne peut être déplacée que vers l'arrière et la dernière série que vers l'avant.

Ajouter une courbe de tendance

Cette technique n'est pas réalisable sur des graphiques de type 3D.

Activez le graphique en réalisant un double clic dessus.

Pour ajouter une courbe de tendance à toutes les séries du graphique, utilisez la commande **Insertion - Courbes de tendance**.

Pour ajouter une courbe de tendance à une seule série, faites un clic droit sur la série concernée et sélectionnez l'option **Insérer une courbe de tendance**. Activez, si besoin, l'onglet **Type**.

Choisissez le **Type de régression** en cliquant sur l'option souhaitée dans la zone correspondante.

Si vous souhaitez **Afficher l'équation** du calcul sur le graphique et/ou **Afficher le coefficient de corrélation**, cochez l'option correspondante.

Cliquez sur le bouton **OK**.

Pour modifier le type de régression, faites un double clic sur la courbe à modifier. Sélectionnez le **Type de regression** souhaité et cliquez sur le bouton **OK**.

Pour supprimer une courbe de tendance, cliquez sur la courbe concernée et appuyez sur la touche Suppr.

Pour supprimer toutes les courbes de tendance, utilisez la commande **Insertion - Courbes de tendance**.

Activez l'option **Aucun(e)** et cliquez sur le bouton **OK**.

Modifier l'ordre des séries

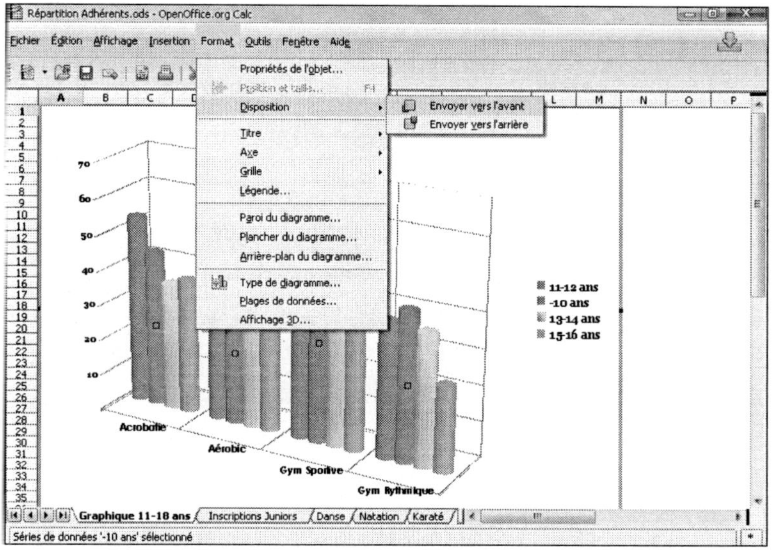

La série **-10 ans** va être déplacée avant la série **11-12 ans**.

Ajouter une courbe de tendance

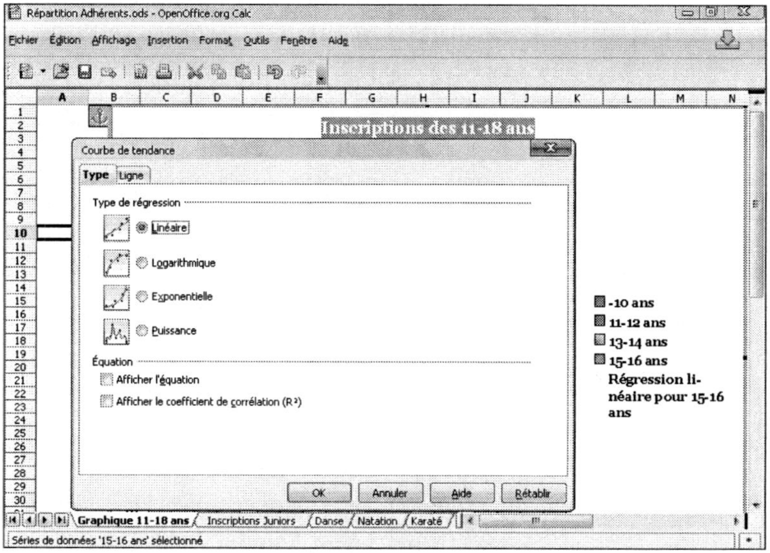

Sur cet exemple, une courbe de tendance de type **Linéaire** va être ajoutée pour la série **15-16 ans**.

© Editions ENI - Toute reproduction interdite

Ajouter une courbe de valeur moyenne

Cette fonctionnalité permet d'afficher sur un graphique 2D une droite correspondant au calcul de la valeur moyenne d'une série.

Affichez le graphique en réalisant un double clic dessus.

Pour afficher une courbe de valeur moyenne pour chacune des séries du graphique, utilisez la commande **Insertion - Courbes de valeur moyenne**

Pour afficher une courbe de valeur moyenne d'une seule série, faites un clic droit sur la série concernée et sélectionnez l'option **Insérer une courbe de valeur moyenne**.

Pour modifier le **Style**, la **Couleur** et/ou la **Largeur** de la courbe, réalisez un double clic sur la courbe à modifier. Effectuez les modifications nécessaires puis cliquez sur le bouton **OK**.

Pour supprimer une courbe de valeur moyenne, cliquez sur la courbe concernée et appuyez sur la touche Suppr.

La mise à jour de la courbe est automatique lorsque les valeurs de la série sont modifiées.

Ajouter une courbe de valeur moyenne

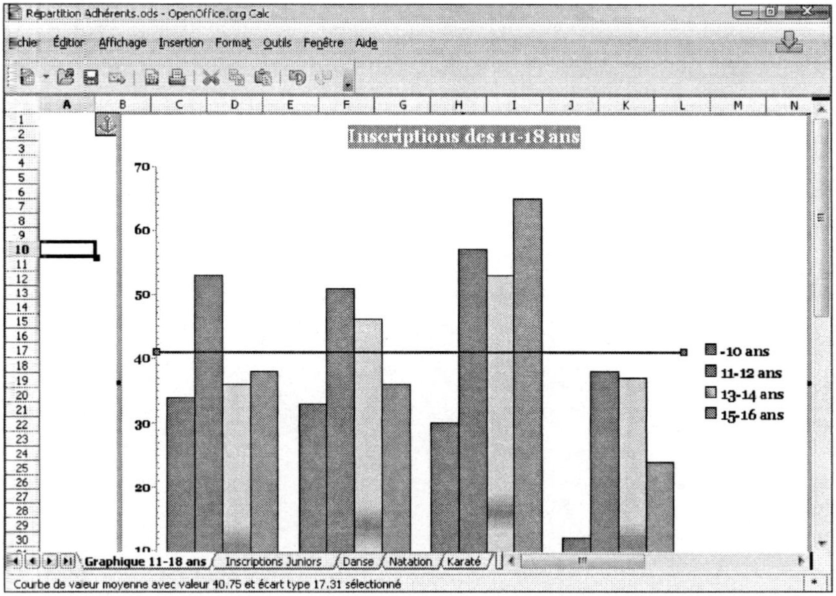

Sur cet exemple, la courbe affichée représente la moyenne des valeurs de la série **15-16 ans**. La barre d'état affiche les valeurs de la moyenne et de l'écart type de la courbe sélectionnée.

© Editions ENI - Toute reproduction interdite

NOTES PERSONNELLES

Partie 4

LISTE DE DONNÉES

Appliquer l'AutoFiltre à une liste de données

*Il s'agit ici d'ajouter des listes déroulantes de filtres automatiques aux libellés des colonnes d'une liste de données afin de pouvoir ensuite filtrer cette liste ; chaque colonne de la liste caractérise un renseignement spécifique (la colonne **Nom**, par exemple, correspond au nom du client) et toutes ses lignes comportent les mêmes renseignements.*

Si l'AutoFiltre doit s'appliquer à toute la liste de donnée, cliquez dans une des cellules de la liste.

Si l'AutoFiltre doit s'appliquer uniquement à certaines colonnes de la liste de données, sélectionnez les libellés des colonnes correspondantes.

Données - Filtre - AutoFiltre

Immédiatement, une liste déroulante symbolisée par une flèche, apparaît à droite de chaque cellule contenant un libellé de colonne.

*Une coche apparaît à gauche de l'option **AutoFiltre** du menu **Données - Filtre**, signifiant que la fonction **AutoFiltre** est active.*

Pour désactiver l'AutoFiltre, cliquez dans une des cellules de la liste concernée puis utilisez de nouveau la commande **Données - Filtre - AutoFiltre**.

Appliquer l'Autofiltre à une liste de données

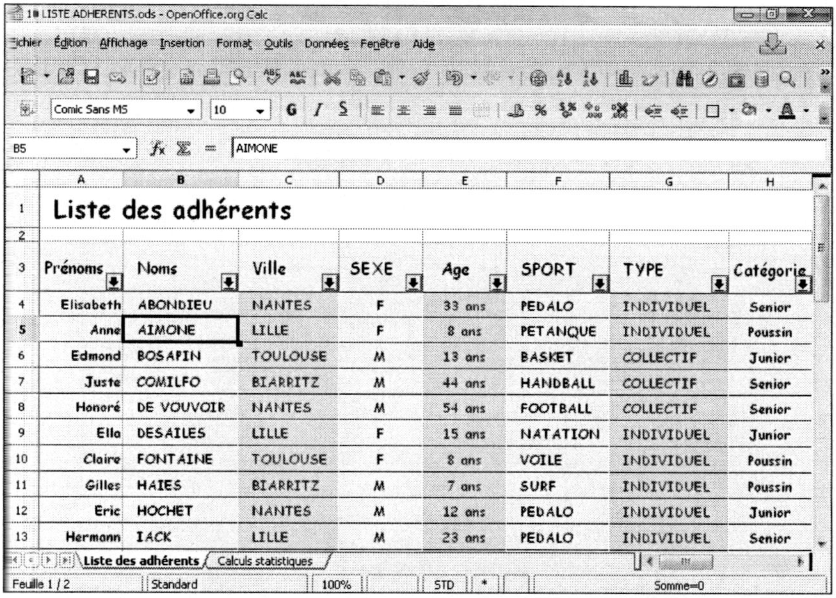

Prénoms	Noms	Ville	SEXE	Age	SPORT	TYPE	Catégorie
Elisabeth	ABONDIEU	NANTES	F	33 ans	PEDALO	INDIVIDUEL	Senior
Anne	AIMONE	LILLE	F	8 ans	PETANQUE	INDIVIDUEL	Poussin
Edmond	BOSAPIN	TOULOUSE	M	13 ans	BASKET	COLLECTIF	Junior
Juste	COMILFO	BIARRITZ	M	44 ans	HANDBALL	COLLECTIF	Senior
Honoré	DE VOUVOIR	NANTES	M	54 ans	FOOTBALL	COLLECTIF	Senior
Ella	DESAILES	LILLE	F	15 ans	NATATION	INDIVIDUEL	Junior
Claire	FONTAINE	TOULOUSE	F	8 ans	VOILE	INDIVIDUEL	Poussin
Gilles	HAIES	BIARRITZ	M	7 ans	SURF	INDIVIDUEL	Poussin
Eric	HOCHET	NANTES	M	12 ans	PEDALO	INDIVIDUEL	Junior
Hermann	IACK	LILLE	M	23 ans	PEDALO	INDIVIDUEL	Senior

Ici, l'Autofiltre a été appliqué à toute la liste de données.

© Editions ENI - Toute reproduction interdite

Filtrer une liste de données avec l'AutoFiltre

L'AutoFiltre permet de sélectionner des critères de filtre simples.

Veillez à ce que l'AutoFiltre soit appliqué à la liste de données concernée (cf. titre précédent).

Pour chacune des colonnes sur lesquelles vous souhaitez appliquer un filtre, procédez comme suit :

- Ouvrez la liste déroulante associée à la colonne sur laquelle un filtre doit être appliqué.
- Cliquez sur la valeur en fonction de laquelle vous souhaitez filtrer ; lorsqu'une colonne contient des valeurs numériques, l'option **Top 10** permet d'afficher les lignes de données contenant les dix valeurs les plus élevées.

Automatiquement, seules les lignes de données qui répondent au(x) filtre(s) s'affichent. Les flèches des listes déroulantes des colonnes sur lesquelles a été effectué un filtre, sont désormais de couleur bleue. De plus, notez que les numéros des lignes ne sont plus consécutifs. Bien entendu, les lignes ne répondant pas au(x) filtre(x) n'ont pas été détruites, elles sont simplement masquées.

Pour annuler le filtre posé sur un libellé de colonne, ouvrez la liste correspondante puis cliquez sur l'option **Tous**.

Pour annuler tous les filtres posés, utilisez la commande **Données - Filtre - Supprimer le filtre**.

Pour conserver les lignes de données filtrées mais cacher les listes déroulantes associées aux libellés de colonne, cliquez dans une cellule de la liste de données concernée puis utilisez la commande **Données - Filtre - Masquer l'AutoFiltre**. Pour afficher de nouveau les listes déroulantes pour cette liste de données, utilisez la commande **Données - Filtre - AutoFiltre**.

Lorsque vous désactivez l'Autofiltre (**Données - Filtre - Autofiltre**), toutes les lignes de la liste de données sont de nouveau affichées.

Filtrer une liste de données avec l'AutoFiltre

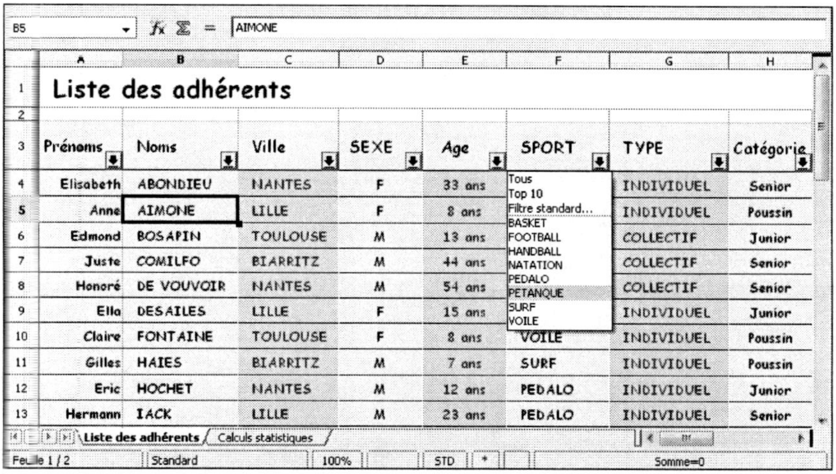

Chaque liste recense toutes les valeurs de la colonne.

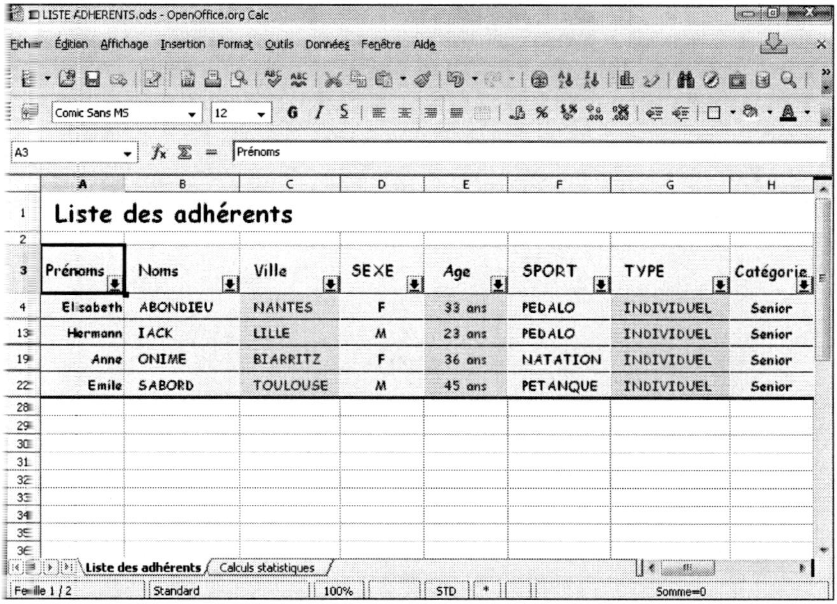

Deux filtres sont ici actifs. Calc filtre les lignes de données qui répondent au premier critère posé et au second critère. Ici, il s'agit des adhérents de la catégorie Senior qui sont inscrits à un sport individuel.

© Editions ENI - Toute reproduction interdite

Filtrer une liste de données avec le filtre standard

Pour afficher les lignes de données d'une liste de données selon des critères beaucoup plus précis, vous devez utiliser le filtre standard.

Si le filtre doit s'appliquer à toute la liste de donnée, cliquez dans une des cellules de la liste.

Si le filtre doit s'appliquer à une partie des données de la liste, sélectionnez les lignes de données concernées, y compris les libellés de colonne.

Données - Filtre - Filtre standard

*Si l'AutoFiltre est appliqué à votre liste de données, vous pouvez aussi ouvrir une des listes déroulantes puis cliquer sur l'option **Filtre standard**.*
*La boîte de dialogue **Filtre standard** s'affiche à l'écran. Trois critères de filtre au maximum peuvent être posés.*

➘ Précisez votre premier critère sur la première ligne :

- Sélectionnez, dans la liste **Nom de champ**, le libellé de la colonne sur laquelle porte le premier filtre ; retrouvez les différents libellés de colonnes dans cette liste.
- Au besoin, modifiez l'opérateur de **Condition** dans la liste correspondante.
- Sélectionnez ou saisissez, dans la liste correspondante, la **Valeur** à utiliser pour filtrer la colonne.

Pour préciser un autre critère, choisissez l'opérateur de liaison dans la première liste de la seconde ligne de critère : sélectionnez l'option **ET** si les deux critères doivent être satisfaits ou l'option **OU** si l'un ou l'autre des critères doit être satisfait.

Définissez, éventuellement, le troisième critère de filtre selon le même principe.

Pour définir des options de filtre supplémentaires, cliquez sur le bouton **Options**.

➘ *Des options de filtre sont désormais visibles dans la partie inférieure de la boîte de dialogue.*

Pour distinguer les majuscules des minuscules, cochez l'option **Respecter la casse**.

Si la première ligne de votre liste de données contient les libellés des colonnes, veillez à ce que l'option **La plage contient des étiquettes de colonne** soit cochée. À l'inverse, Calc utilise **Colonne A, Colonne B...** comme **Nom de champ** dans la partie supérieure de la boîte de dialogue et la première ligne de données de la liste sera également filtrée.

Pour pouvoir utiliser des caractères génériques dans les valeurs à utiliser pour filtrer, cochez l'option **Caractère générique**.

Pour ne pas inclure les lignes de données dupliquées dans la liste des données filtrées, cochez l'option **Sans doublons**.

Cliquez sur le bouton **OK**.

Filtrer une liste de données avec le filtre standard

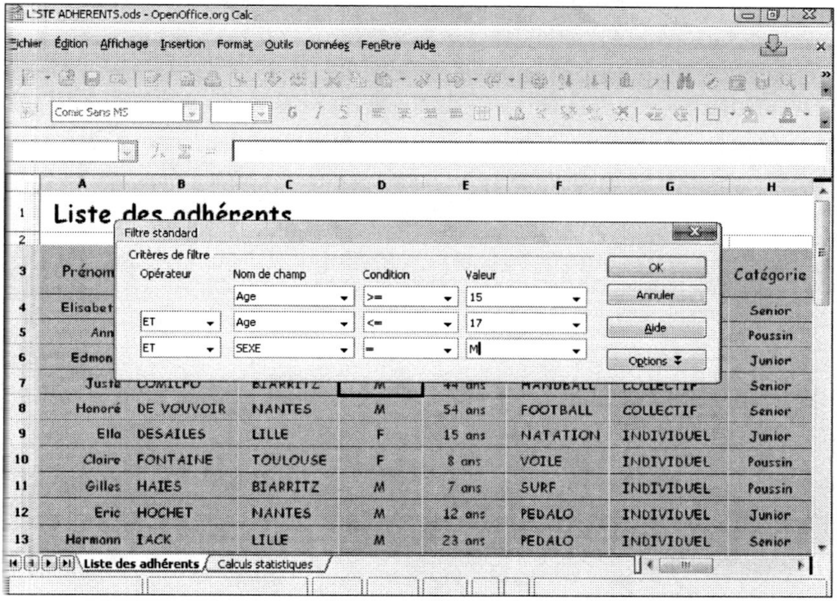

Ici, nous souhaitons afficher la liste des garçons (3ème critère) dont l'âge est compris entre 15 et 17 ans inclus (1er et 2ème critère).

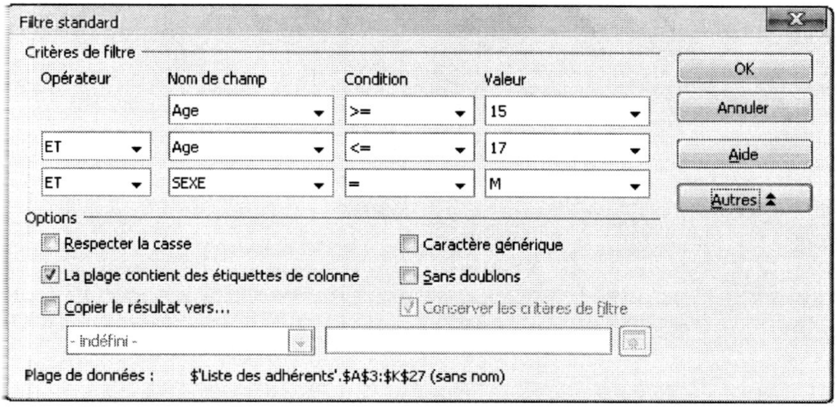

Le bouton **Autres** permet de masquer les options de filtre.

© Editions ENI - Toute reproduction interdite

Afficher toutes les lignes d'une liste de données filtrée

Cliquez dans une des cellules de la liste pour laquelle vous souhaitez afficher toutes les lignes de données.

Données - Filtre - Supprimer le filtre

Si l'AutoFiltre est appliqué à la liste de données, vous pouvez annuler les différents filtres posés en ouvrant successivement les listes correspondantes puis en cliquant sur l'option **Tous**.

Filtrer une liste de données à l'aide d'un filtre élaboré

Il s'agit ici de créer une zone de critères afin de filtrer les données d'une liste de données lorsque les fonctionnalités d'AutoFiltre et de filtre standard ne sont pas suffisantes.

Créer une zone de critères

Une zone de critères est une plage de cellules contenant les libellés des colonnes filtrées et les critères de filtres qui leur sont associés. Elle doit être séparée du tableau par au moins une ligne et/ou une colonne vide.

Prévoyez un espace vierge d'au moins une colonne et/ou une ligne.

Dans l'une des lignes vides, tapez les libellés de colonne qui serviront à définir les critères.

Vous pouvez aussi les copier pour éviter les erreurs de saisie.

Sur les lignes situées en dessous, saisissez les critères en respectant les consignes suivantes :

- les critères sont saisis sur plusieurs lignes s'ils doivent être combnés par **OU**,
- les critères sont saisis sur plusieurs colonnes s'ils doivent être combinés par **ET**,
- les critères sont saisis sur plusieurs lignes et plusieurs colonnes s'ils doivent être combinés par **OU** et par **ET**.

Une zone de critères peut également être créée sur une autre feuille du classeur.

Afficher toutes les lignes d'une liste de données filtrée

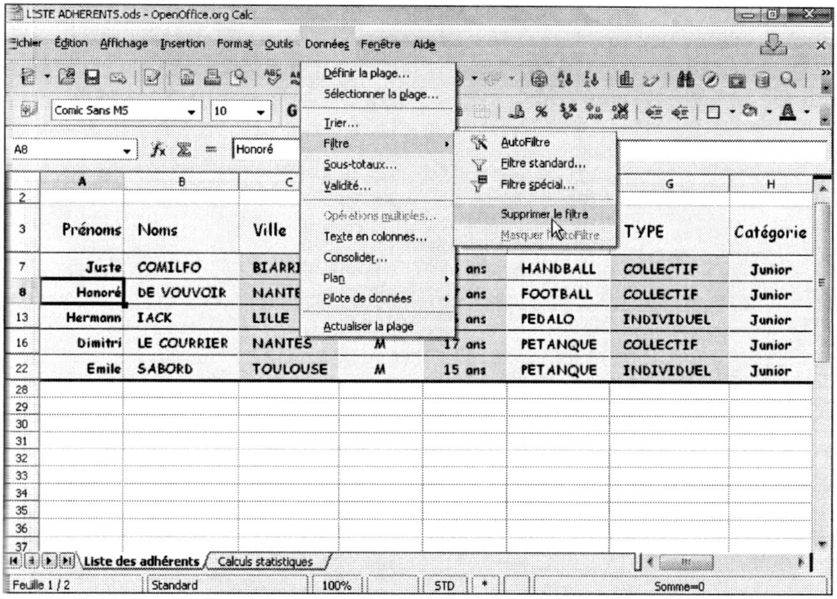

Tous les enregistrements de cette liste vont être affichés.

Filtrer une liste de données à l'aide d'un filtre élaboré

Attentes	Zones de critères		
Adhérents de la catégorie **Junior** OU **Senior**	**Catégorie**		
	junior		
	senior		
Adhérents de la catégorie **Junior** ET qui se sont inscrits avant le 1er janvier 2006	**Catégorie**	**Date Inscription**	
	junior	<1/1/2006	
Adhérents de la catégorie Senior ET dont l'âge est compris entre 30 ET 40 ans	**Catégorie**	**Age**	**Age**
	senior	>=30	<=40

Pour mieux cerner les combinaisons ET, OU consultez les exemples proposés ci-dessus.

© Editions ENI - Toute reproduction interdite

Filtrer une liste à l'aide d'une zone de critères

Il s'agit ici de filtrer les lignes de données d'une liste de données répondant à une zone de critères préalablement définie.

Cliquez dans une des cellules de la liste que vous souhaitez filtrer.

Données - Filtre - Filtre spécial

Cliquez sur le bouton puis sélectionnez la zone de critère préalablement créée.

Cliquez ensuite sur le bouton pour afficher de nouveau la boîte de dialogue **Filtre spécial**.

Cliquez éventuellement sur le bouton **Options** pour définir des options de filtre supplémentaires (pour plus d'informations sur ces options, reportez-vous au titre **Filtrer une liste de données avec le filtre standard** de ce chapitre).

Cliquez sur le bouton **OK**.

*Seules les lignes de données répondant aux critères sont affichées. Pour afficher de nouveau toutes les lignes de données, utilisez la commande **Données - Filtre - Supprimer le filtre**.*

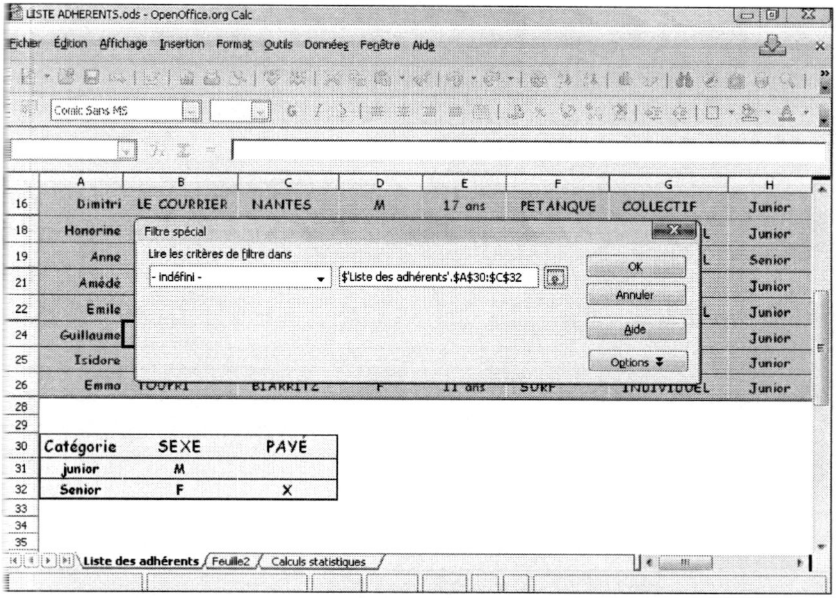

Les critères posés vont permettre d'afficher les fiches correspondant aux garçons (M) de la catégorie **Junior** ou aux filles (F) de la catégorie **Senior** qui ont réglé leur cotisation (X).

© Editions ENI - Toute reproduction interdite

Copier les lignes de données répondant à un filtre

Au lieu de filtrer dans la liste de données, nous souhaitons ici faire une copie des lignes de données correspondant aux critères. Cette manipulation peut être réalisée lors de l'utilisation d'un filtre standard ou d'un filtre élaboré.

Cliquez dans une des cellules de la liste de données que vous souhaitez filtrer.

Selon le type de filtre à utiliser, faites **Données - Filtre - Filtre standard ou Données - Filtre - Filtre spécial**.

Selon le cas, précisez le ou les critères de filtre (filtre standard) ou sélectionnez la zone de critère (filtre spécial).

Cliquez sur le bouton **Options** puis définissez éventuellement les options de filtre supplémentaires (pour plus d'informations sur ces options, reportez-vous au titre **Filtrer une liste de données avec le filtre standard)**.

Cochez l'option **Copier le résultat vers**, cliquez sur le bouton puis cliquez dans la première cellule de destination (la cellule en haut à gauche) de la plage de cellules où le résultat du filtrage doit apparaître ; la première cellule de destination peut faire partie d'une autre feuille du classeur.

Cliquez sur le bouton pour afficher de nouveau entièrement la boîte de dialogue.

Si, au préalable, la liste de données a été définie en tant que plage de données (cf. titre suivant), laissez l'option **Conserver les critères de filtre** cochée pour établir un lien entre la liste de données et la plage de cellules contenant le résultat du filtrage. Dans ce cas, si vous modifiez le contenu de la liste de données, vous pourrez réappliquer à tout moment le filtre afin d'actualiser la plage de cellules contenant le résultat du filtrage (cf. remarque).

Cliquez sur le bouton **OK**.

Pour actualiser la plage de cellules contenant le résultat du filtrage en fonction des modifications apportées dans la liste de données, cliquez dans la liste de données puis utilisez la commande **Données - Actualiser la plage** ; nous vous rappelons que cette commande n'est disponible que si, au préalable, vous avez défini la liste de données en tant que plage de données (cf. titre suivant).

Copier les lignes de données répondant à un filtre

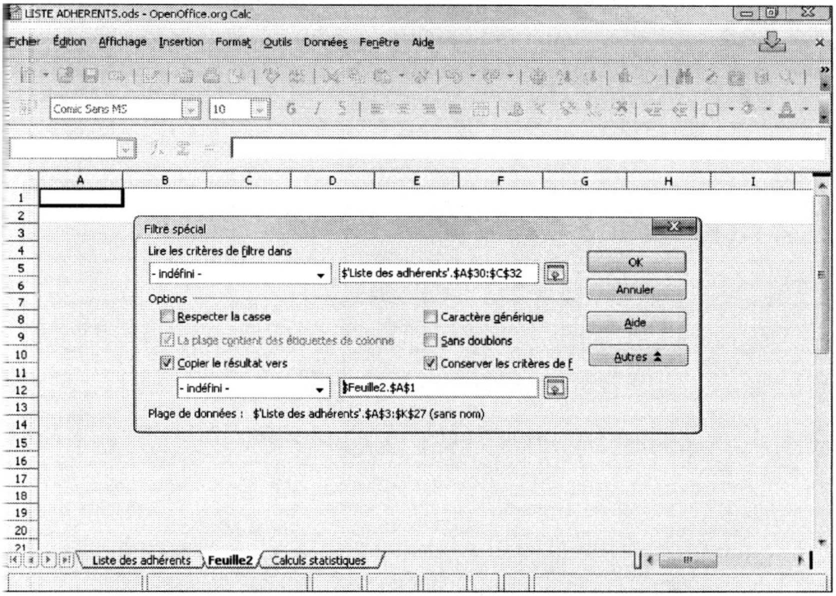

Ici, le résultat du filtrage apparaîtra dans la **Feuille2** du classeur.

© Editions ENI - Toute reproduction interdite

Définir une plage de données

L'intérêt de définir une plage de données est de pouvoir ensuite actualiser la plage de cellules contenant le résultat du filtrage (cf. titre précédent) en fonction des modifications apportées dans la liste de données.

Sélectionnez la liste de données (libellés de colonne compris) pour laquelle vous souhaitez définir un nom.

Après avoir cliqué dans une cellule du tableau, utilisez le raccourci-clavier Ctrl * *si vous souhaitez sélectionner l'intégralité du tableau.*

Données - Définir la plage

Les références de la plage sélectionnée s'affichent dans la zone ***Plage*** *de la boîte de dialogue* ***Définir une plage de base de données****.*

Saisissez un **Nom** pour désigner la plage sélectionnée.

Modifiez, si besoin est, la plage sélectionnée à l'aide du bouton .

Cliquez, si besoin est, sur le bouton **Options** pour afficher les options supplémentaires :

- Cochez l'option **Contient des étiquettes de colonne** pour que les titres de colonnes de la première ligne soient considérés comme les en-têtes de la plage de données.
- Cochez l'option **Conserver le formatage** pour que le format des cellules existantes soit appliqué aux cellules insérées lorsque vous mettrez à jour la plage de la liste de données.

L'option ***Ne pas enregistrer les données importées*** *est utilisée lorsque les données de la liste ont été importées à partir d'une base de données externe (classeur Excel, table dBase, MS Access...) ; elle permet de conserver une liaison avec la source sans intégrer les données source dans la liste.*

Cliquez sur le bouton **OK**.

Pour sélectionner une plage de données, utilisez la commande **Données - Sélectionner la plage** et faites un double clic sur le nom de la plage à sélectionner.

Pour mettre à jour une plage de données, utilisez la commande **Données - Actualiser la plage**.

Vous pouvez trier une plage de données comme n'importe quel tableau.

Définir une plage de données

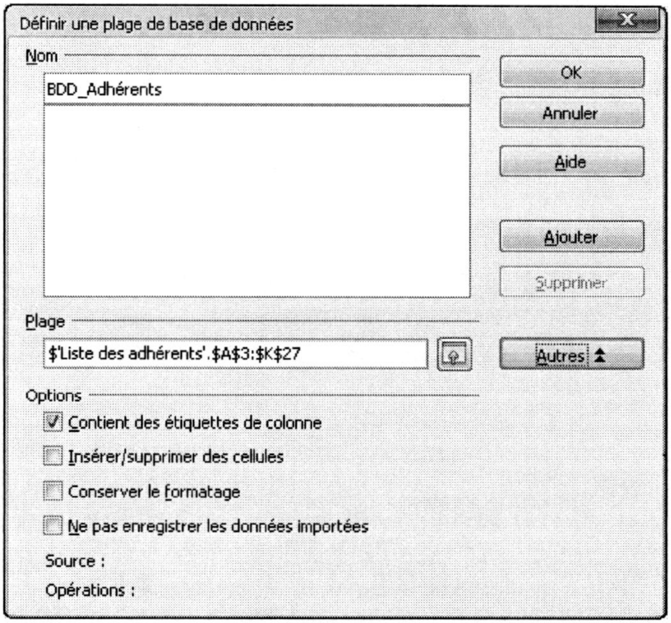

Le bouton **Supprimer** permet de supprimer la plage de données sélectionnée.

© Editions ENI - Toute reproduction interdite

Effectuer des statistiques sur les résultats de filtres élaborés

Ces calculs statistiques vont concerner les lignes dont les valeurs correspondent aux critères de la zone de critères.

Créez la zone de critères adéquate.

Utilisez les fonctions suivantes :

=BDNB(Bdd;0;cr)	pour dénombrer les cellules.
=BDSOMME(Bdd;champ;cr)	pour additionner les valeurs du champ.
=BDMOYENNE(Bdd;champ;cr)	pour calculer la moyenne des valeurs du champ.
=BDMAX(Bdd;champ;cr)	pour extraire la valeur maximale du champ.
=BDMIN(Bdd;champ;cr)	pour extraire la valeur minimale du champ.

Dans lesquelles vous remplacez :

- **Bdd** par la référence des cellules correspondant à la liste de données sur lequel le calcul doit se faire (y compris les libellés de colonne).
  Si vous avez défini une plage de données (cf. titre précédent), vous pouvez saisir le nom de la plage.
- **champ** par la référence de la cellule contenant le libellé de la colonne sur laquelle le calcul doit se faire ou en saisissant le libellé entre guillemets ; si vous utilisez la fonction **BDNB**, vous devez spécifier la valeur **0** pour cet argument afin que le calcul s'effectue correctement.
- **cr** par les références des cellules correspondant à la zone de critères.

Dès que vous modifiez un élément de la zone de critères ou de la liste de données, les statistiques se mettent à jour automatiquement.

Vous trouverez la liste de toutes les fonctions de base de données dans la catégorie **Base de données** de l'**Assistant Fonctions** (cliquez sur le bouton dans la barre de formule)

Effectuer des statistiques sur les résultats de filtres élaborés

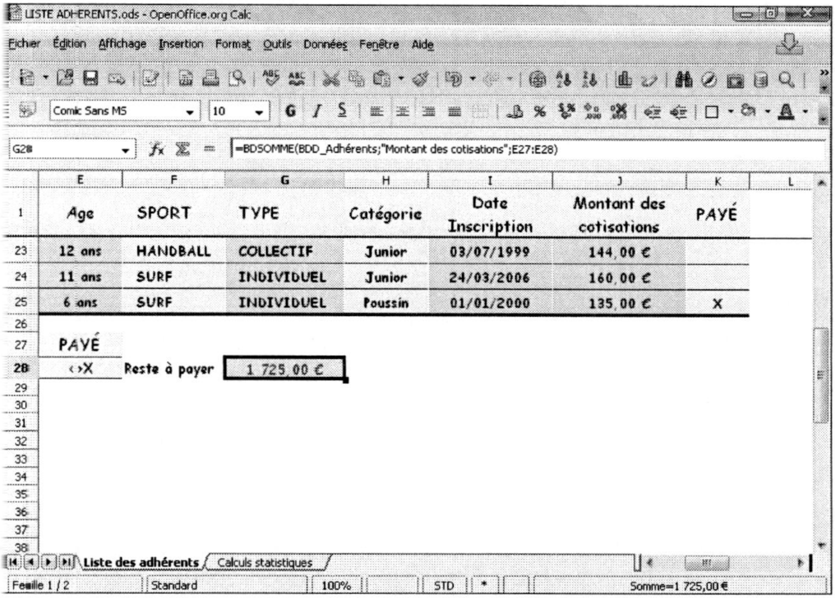

Ici, nous avons calculé la somme des cotisations qui n'ont pas encore été payées.

© Editions ENI - Toute reproduction interdite

Créer un tableau d'analyse croisée

Un tableau d'analyse croisée permet de faire la synthèse et d'analyser les données provenant d'une liste de données.

Cliquez dans une cellule de la liste à partir de laquelle vous souhaitez créer le tableau d'analyse.

Données - Pilote de données - Démarrer

Conservez active l'option **Sélection active**.

*L'option **Source de données enregistrée sous OpenOffice.org** permet de créer un tableau d'analyse croisée à partir d'une base de données externe préalablement enregistrée dans OpenOffice.org.*

Cliquez sur le bouton **OK**.

Les libellés de colonne, appelés champ, y sont représentés sous forme de boutons.

- Pour définir les données devant figurer dans la première colonne de la table (en-têtes de lignes), cliquez sur le bouton du champ concerné puis faites-le glisser sur la zone **Ligne champs**. Recommencez pour chacun des champs devant servir de catégorie pour les lignes.

  Pour définir les données devant figurer en en-tête de colonne, cliquez sur le bouton du champ concerné puis faites-le glisser sur la zone **Champs de colonne**. Recommencez pour chacun des champs devant servir de catégorie pour les colonnes.

  Pour définir les données utilisées pour remplir la table, cliquez sur le bouton du champ concerné puis faites-le glisser sur la zone **Champs de données**.

  Ce champ doit contenir des valeurs numériques.

  Pour afficher une synthèse de tous ou de certains éléments d'un champ, cliquez sur le bouton du champ concerné puis faites-le glisser dans la zone **Champs de la page**. Recommencez pour chacun des champs concernés.

- Pour changer le calcul associé au **Champs de données** faites un double clic sur le bouton situé dans la zone **Champs de données** pour afficher la liste des fonctions disponibles.

  Sélectionnez la **Fonction** souhaitée puis cliquez sur le bouton **OK**.

  Cliquez sur le bouton **Options** (celui situé en bas à droite de la fenêtre) pour afficher les options concernant l'affichage du tableau d'analyse croisée.

Créer un tableau d'analyse croisée

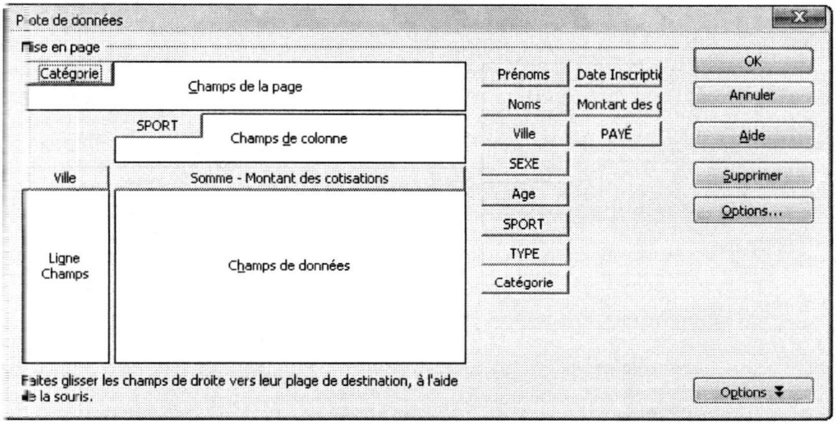

Ce tableau nous permettra de calculer la somme des cotisations par ville et par sport.

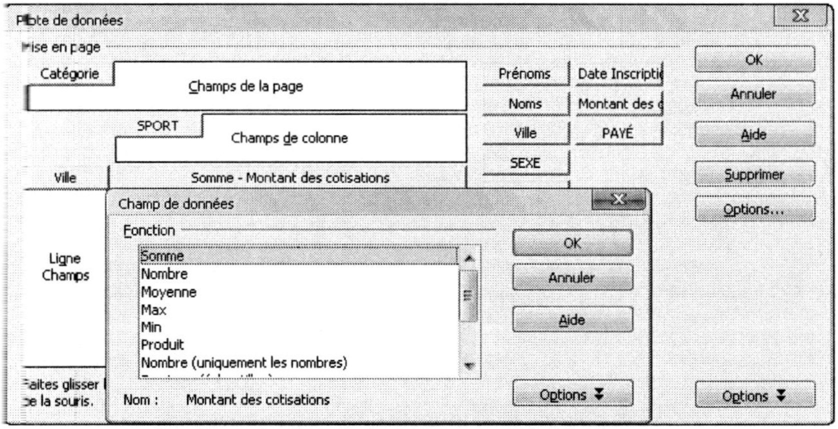

Par défaut, le pilote de données propose de faire la somme des valeurs du champ de données.

© Editions ENI - Toute reproduction interdite

Si le tableau d'analyse croisé doit être inséré dans une des feuilles de calcul du classeur actif, veillez à ce que l'option **Indéfini** soit sélectionnée dans la liste **Résultat à**, cliquez sur le bouton puis cliquez dans la première cellule de destination du tableau d'analyse croisé ; si le tableau d'analyse croisé doit être inséré dans une nouvelle feuille, sélectionnez l'option **nouvelle feuille** dans la liste **Résultat à**.

Cochez l'option **Ignorer les lignes vides** pour que le pilote de données ne tienne pas compte des lignes vides se trouvant dans la liste de données.

Cochez l'option **Identifier les catégories** pour que le pilote de données assigne aux lignes sans intitulés, la catégorie supérieure suivante.

Cochez les options **Total - colonnes** et/ou **Total - lignes** pour afficher le total des lignes et/ou des colonnes.

Veillez à ce que l'option **Ajouter un filtre** soit cochée si vous souhaitez ajouter un bouton Filtre au tableau d'analyse croisé. Un clic sur ce bouton permettra d'afficher la boîte de dialogue **Filtre** et ainsi de définir des critères de filtre pour le tableau (cf. Filtrer un tableau d'analyse croisée de ce chapitre).

Veillez à ce que l'option **Activer le rappel des éléments** soit cochée si vous souhaitez pouvoir afficher ou masquer les données associées à une valeur d'un champ d'en-tête ou de ligne dans le tableau d'analyse croisée (cf. titre suivant).

Cliquez sur le bouton **OK**.

Le tableau d'analyse croisée regroupant les données sélectionnées s'affiche à l'écran.

Pour supprimer un tableau d'analyse croisée, cliquez dans une des cellules du tableau concerné puis utilisez la commande **Données - Pilote de données - Supprimer**.

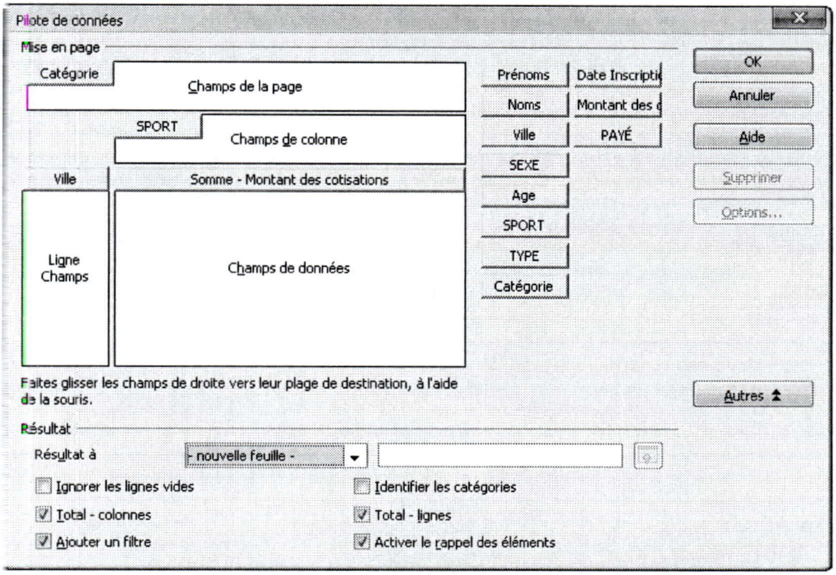

Ici, le tableau d'analyse croisé va être inséré dans une nouvelle feuille.

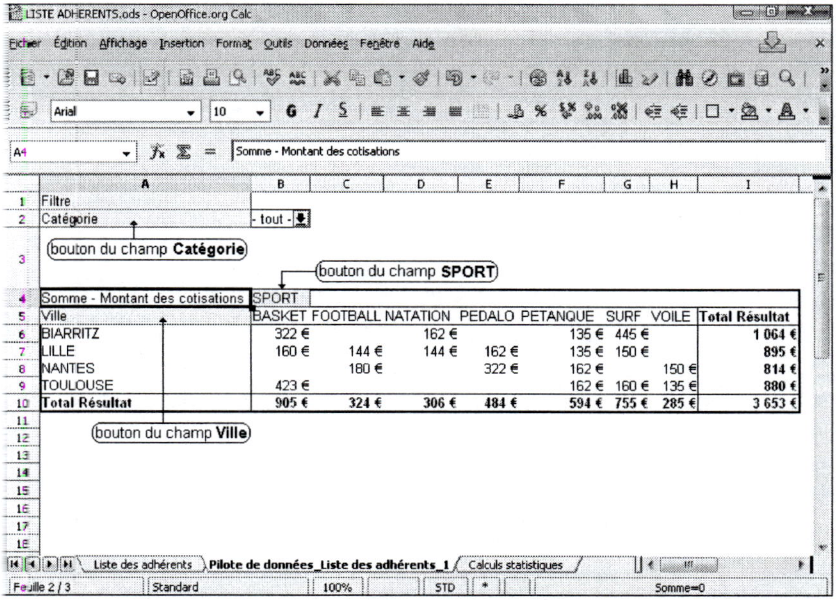

Somme - Montant des cotisations	SPORT							
Ville	BASKET	FOOTBALL	NATATION	PEDALO	PETANQUE	SURF	VOILE	Total Résultat
BIARRITZ	322 €		162 €		135 €	445 €		1 064 €
LILLE	160 €	144 €	144 €	162 €	135 €	150 €		895 €
NANTES		180 €		322 €	162 €		150 €	814 €
TOULOUSE	423 €				162 €	160 €	135 €	880 €
Total Résultat	**905 €**	**324 €**	**306 €**	**484 €**	**594 €**	**755 €**	**285 €**	**3 653 €**

Nous visualisons ici, la somme des cotisations par ville et par sport.

© Editions ENI - Toute reproduction interdite

IUFM Rouen SCD 76130 Mt St Aignan

Modifier un tableau d'analyse croisée

Cliquez dans une cellule du tableau d'analyse croisée puis utilisez la commande **Données - Pilote de données - Démarrer**.

Pour ajouter un champ, cliquez sur le bouton du champ correspondant et faites-le glisser sur la zone voulue.

Pour supprimer un champ, cliquez sur le bouton correspondant puis cliquez sur le bouton **Supprimer**. Vous pouvez également le faire glisser en dehors de la table : dès que le pointeur de la souris prend la forme d'un rectangle barré, relâchez le bouton de la souris.

Pour déplacer un champ, faites glisser le bouton du champ vers son nouvel emplacement.

Pour modifier la fonction utilisée pour le calcul de la table, faites un double clic sur le bouton du champ situé dans la zone **Champs de données** puis sélectionnez une autre fonction.

Cliquez sur le bouton **OK** de la boîte de dialogue **Pilote de données** pour valider vos modifications.

Pour afficher les données associées à une valeur d'un champ, faites un double clic sur le libellé du champ situé en en-tête de colonne ou de ligne (sur notre exemple, il s'agit de **BIARRITZ**) sélectionnez le champ contenant le détail à afficher dans la boîte de dialogue qui s'affiche (sur notre exemple, il s'agit des **Noms**) puis, cliquez sur le bouton **OK**.

Pour masquer les données associées à une valeur d'un champ, faites de nouveau un double clic sur la valeur concernée.

Pour afficher le détails des données correspondant à une valeur numérique du tableau d'analyse croisée, faites un double clic sur la valeur concernée.

Automatiquement, Calc crée sur une nouvelle feuille, un tableau affichant le détail de chaque enregistrement.

Ce tableau n'est pas mis à jour si la liste de données est modifiée.

Vous pouvez supprimer un champ directement à partir du tableau d'analyse croisé en le faisant glisser en dehors du tableau.

Vous pouvez déplacer un champ existant directement à partir du tableau d'analyse croisée en le faisant glisser vers un autre emplacement du tableau.

Modifier un tableau d'analyse croisée

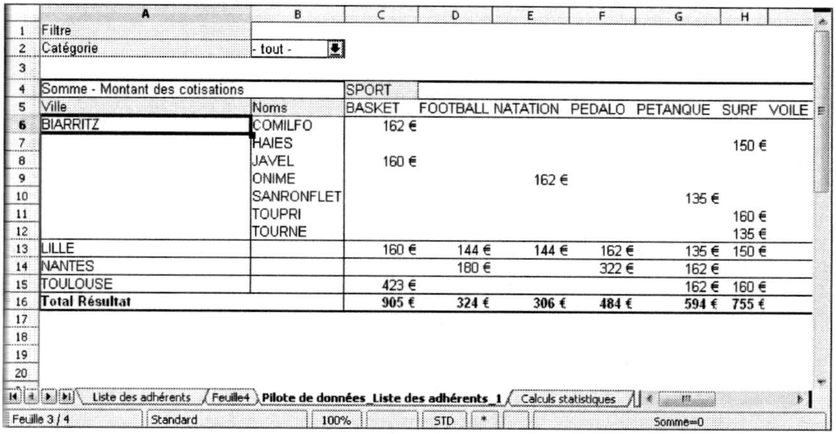

	A	B	C	D	E	F	G	H	
1	Filtre								
2	Catégorie	- tout -							
3									
4	Somme - Montant des cotisations		SPORT						
5	Ville	Noms	BASKET	FOOTBALL	NATATION	PEDALO	PETANQUE	SURF	VOILE
6	BIARRITZ	COMILFO	162 €						
7		HAIES						150 €	
8		JAVEL	160 €						
9		ONIME			162 €				
10		SANRONFLET					135 €		
11		TOUPRI						160 €	
12		TOURNE						135 €	
13	LILLE		160 €	144 €	144 €	162 €	135 €	150 €	
14	NANTES			180 €		322 €	162 €		
15	TOULOUSE		423 €				162 €	160 €	
16	**Total Résultat**		**905 €**	**324 €**	**306 €**	**484 €**	**594 €**	**755 €**	

Ici, les noms des adhérents de la ville **BIARRITZ** sont désormais affichés. En effectuant un double clic sur le nom d'une autre ville, vous afficherez désormais le détail des noms des adhérents correspondants.

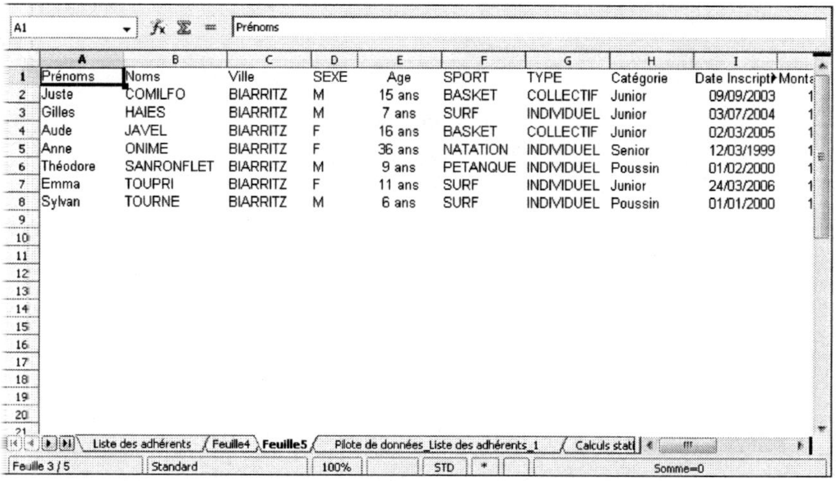

	A	B	C	D	E	F	G	H	I	
1	Prénoms	Noms	Ville	SEXE	Age	SPORT	TYPE	Catégorie	Date Inscripti	Monta
2	Juste	COMILFO	BIARRITZ	M	15 ans	BASKET	COLLECTIF	Junior	09/09/2003	1
3	Gilles	HAIES	BIARRITZ	M	7 ans	SURF	INDIVIDUEL	Junior	03/07/2004	1
4	Aude	JAVEL	BIARRITZ	F	16 ans	BASKET	COLLECTIF	Junior	02/03/2005	1
5	Anne	ONIME	BIARRITZ	F	36 ans	NATATION	INDIVIDUEL	Senior	12/03/1999	1
6	Théodore	SANRONFLET	BIARRITZ	M	9 ans	PETANQUE	INDIVIDUEL	Poussin	01/02/2000	1
7	Emma	TOUPRI	BIARRITZ	F	11 ans	SURF	INDIVIDUEL	Junior	24/03/2006	1
8	Sylvan	TOURNE	BIARRITZ	M	6 ans	SURF	INDIVIDUEL	Poussin	01/01/2000	1

En réalisant un double clic sur le total des cotisations de la ville BIARRITZ, Calc a généré ce tableau dans une nouvelle feuille du classeur.

© Editions ENI - Toute reproduction interdite

Filtrer un tableau d'analyse croisée

*Cette fonctionnalité est disponible uniquement si l'option **Ajouter un filtre** de la boîte de dialogue **Pilote de données** est cochée.*

Cliquez sur le bouton **Filtre** du tableau d'analyse croisée.

Précisez les critères de filtre en procédant comme pour le filtrage d'une liste avec le filtre standard (cf. Filtres - Filtrer une liste de données avec le filtre standard).

Pour annuler le filtre d'un tableau d'analyse croisée, cliquez sur le bouton **Filtre** du tableau d'analyse croisée et, dans la première liste **Nom de champ**, sélectionnez l'option **aucun**.

Cliquez sur le bouton **OK**.

Si un champ a été ajouté dans la zone **Champs de la page** lors de la création du tableau d'analyse croisé, vous pouvez également filtrer un tableau d'analyse croisé en cliquant sur la flèche associée au champ de page puis sur la valeur désirée dans la liste déroulante qui s'affiche.

Actualiser un tableau d'analyse croisée

Si vous modifiez les données de la plage source, vous devez actualiser la table d'analyse de données.

Cliquez dans le tableau d'analyse croisée concerné par l'actualisation.

Données - Pilote de données - Actualiser

Lorsque vous modifiez la disposition d'un tableau d'analyse croisée, sa mise à jour est, dans ce cas, automatique.

Filtrer un tableau d'analyse croisée

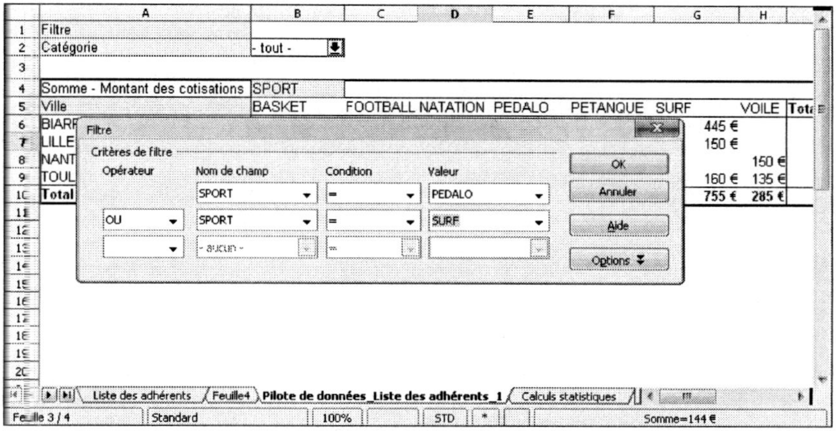

Ici, nous souhaitons afficher uniquement les données concernant les sports PEDALO et SURF.

Actualiser un tableau d'analyse croisée

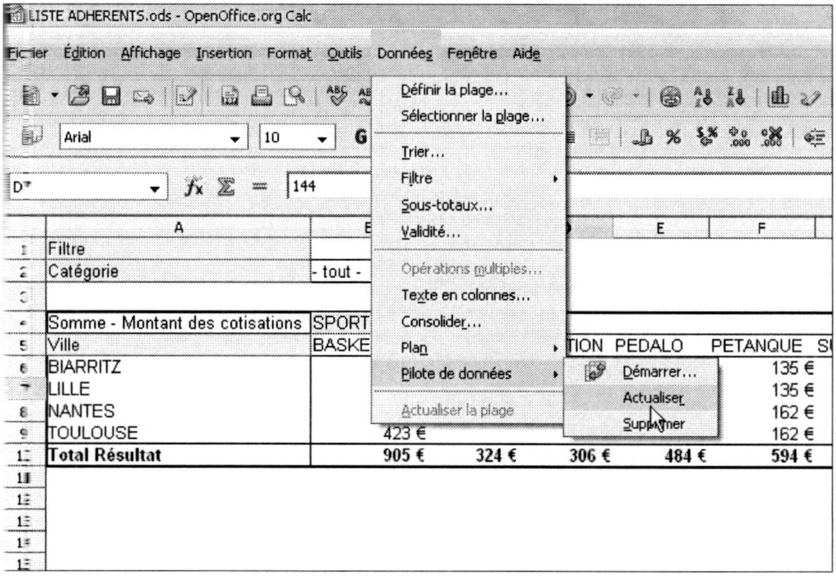

© Editions ENI - Toute reproduction interdite

NOTES PERSONNELLES

Partie 5
TRAVAIL COLLABORATIF

Protéger la modification d'un classeur

Si besoin est, ouvrez le classeur concerné.

Cliquez sur l'outil **Éditer le fichier** pour le désactiver.
Si des modifications ont été apportées au classeur, Calc vous propose de les enregistrer.
Dans ce cas, cliquez sur le bouton **Enregistrer** pour enregistrer les modifications apportées au classeur ; à l'inverse, cliquez sur le bouton **Ignorer**.

*Dans la barre de titre, le nom du fichier est suivi du texte (**lecture seule**). Désormais, vous ne pourrez modifier ni la structure, ni le contenu du classeur.*

Pour pouvoir de nouveau apporter des modifications à votre classeur, cliquez sur l'outil **Éditer le fichier** pour l'activer.

Protéger l'ouverture d'un classeur

L'accès au classeur est alors protégé par un mot de passe. Seuls les classeurs enregistrés sous l'environnement Windows XP ou au format XML peuvent être protégés par un mot de passe à l'ouverture.
Créez un nouveau classeur ou ouvrez le classeur concerné.

Fichier - Enregistrer sous ou Ctrl Shift **S**

Si c'est la première fois que vous enregistrez votre classeur, sélectionnez son dossier de classement puis saisissez son nom dans la zone de saisie **Nom du fichier**.

Si c'est un classeur existant, ne modifiez ni son dossier de classement, ni son nom.

Cochez l'option **Enregistrer avec mot de passe**.

Cliquez sur le bouton **Enregistrer**.
Dans le cas d'un classeur existant, un message vous informe que ce fichier existe déjà et vous propose de le remplacer.
Dans ce cas, cliquez sur le bouton **Oui** pour que le mot de passe soit enregistré dans le classeur.
*La boîte de dialogue **Saisir le mot de passe** apparaît à l'écran.*

Saisissez un **Mot de passe** d'au moins cinq caractères dans la zone de saisie correspondante.
Saisissez de nouveau le mot de passe pour le confirmer dans la zone de saisie correspondante.
Cliquez sur le bouton **OK**.

Pour annuler la protection de l'ouverture d'un classeur, ouvrez le classeur concerné en saisissant le mot de passe correct. Utilisez ensuite la commande **Fichier - Enregistrer sous**, décochez l'option **Enregistrer avec mot de passe**, cliquez sur le bouton **Enregistrer** puis cliquez sur le bouton **Oui** du message vous proposant de remplacer le fichier existant.

Protéger la modification d'un classeur

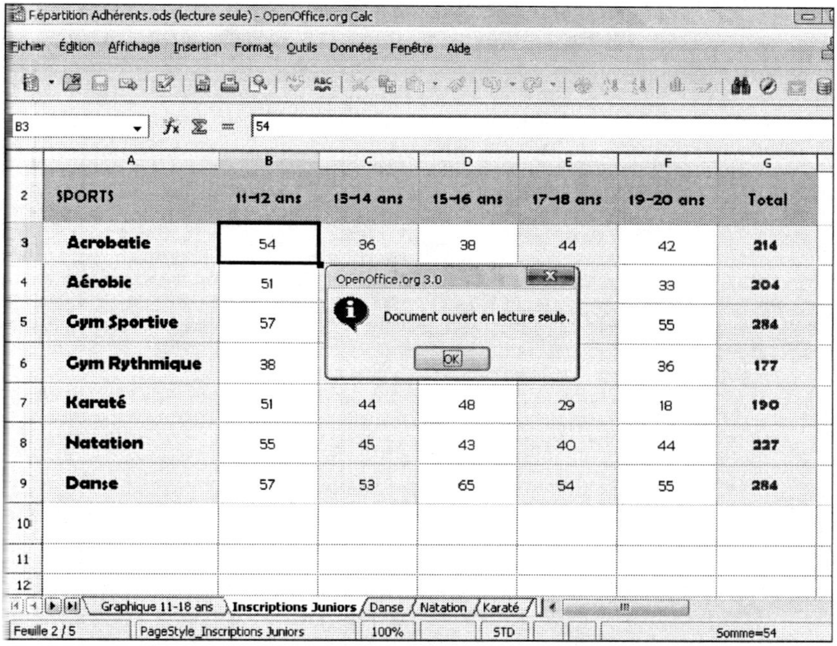

Lorsque vous tentez de modifier le contenu d'une cellule, un message s'affiche vous informant que le classeur est ouvert en lecture seule.

Protéger l'ouverture d'un classeur

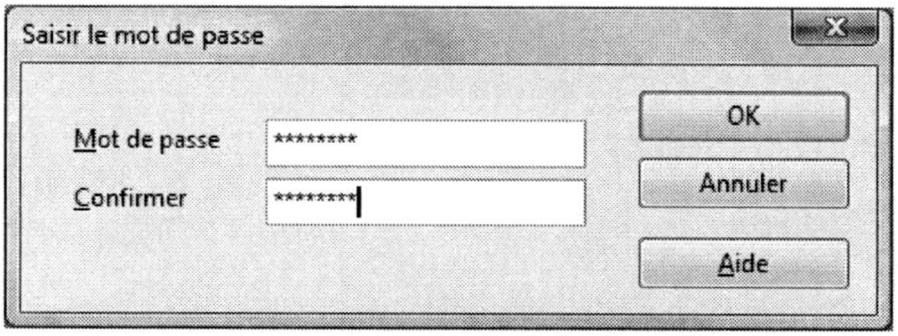

Les caractères saisis sont remplacés par des astérisques.

© Editions ENI - Toute reproduction interdite

Protéger la structure d'un classeur

Il s'agit ici d'interdire d'insérer, de déplacer, de copier, de supprimer ou encore de renommer les feuilles de calcul d'un classeur.

Ouvrez le classeur pour lequel vous souhaitez protéger la structure.
Outils - Protéger le document - Document
Calc propose d'associer un mot de passe à la protection du document.

Si vous souhaitez associer un mot de passe à la protection de la structure de votre classeur afin d'empêcher tout utilisateur non autorisé de supprimer cette protection, saisissez un **Mot de passe** dans la zone de saisie correspondante puis ressaisissez-le pour le **Confirmer** dans la zone correspondante.

Si vous ne souhaitez pas associer un mot de passe à la protection de la structure de votre classeur, ne saisissez rien dans les zones de saisie.
Cliquez sur le bouton **OK**.

Pour supprimer la protection de la structure d'un classeur, utilisez de nouveau la commande **Outils - Protéger le document - Document**. Si vous n'aviez pas utilisé de mot de passe, la protection est supprimée immédiatement. Si un mot de passe a été utilisé, saisissez-le dans la boîte de dialogue **Annuler la protection du document** puis cliquez sur le bouton **OK**.

Protéger des cellules

Si vous souhaitez autoriser la saisie de données uniquement dans certaines cellules d'une feuille de calcul, vous devez au préalable indiquer dans quelles cellules la saisie sera autorisée et ensuite, protéger la feuille de calcul.

Annuler l'état de verrouillage des cellules

Ouvrez le classeur puis activez la feuille de calcul concernée.

Sélectionnez les cellules dans lesquelles la saisie sera autorisée.

Format - Cellules

Cliquez sur l'onglet **Protection**.

Décochez l'option **Protégé** de la zone **Protection**.
Cliquez sur le bouton **OK**.

Protéger la structure d'un classeur

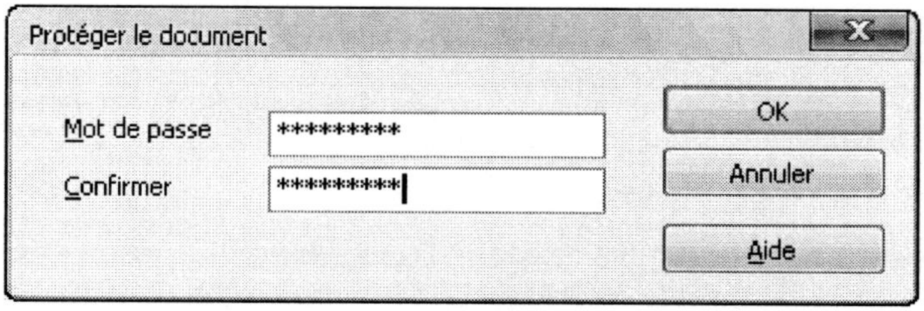

Les caractères saisis sont remplacés par des astérisques.

Protéger des cellules

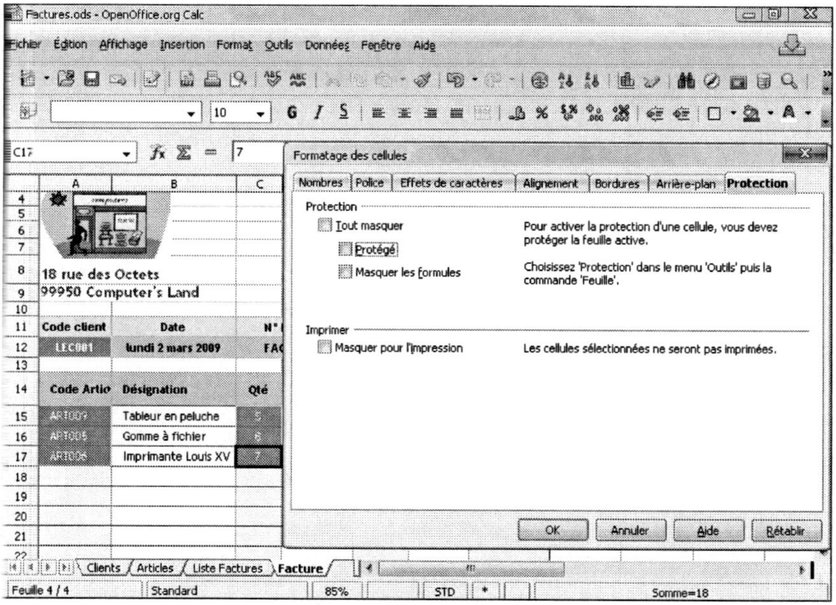

Seules les cellules sélectionnées dans la feuille seront déverrouillées.

© Editions ENI - Toute reproduction interdite

Activer la protection de la feuille de calcul

Outils - Protéger le document - Feuille

Calc propose d'associer un mot de passe à la protection de la feuille.

Si vous souhaitez associer un mot de passe à la protection de la feuille afin d'empêcher tout utilisateur non autorisé de supprimer cette protection, saisissez un **Mot de passe** dans la zone de saisie correspondante puis ressaisissez-le dans la zone **Confirmer**.

Si vous ne souhaitez pas associer un mot de passe à la protection de la feuille, ne saisissez rien dans les zones de saisie.

Cliquez sur le bouton **OK**.

Si vous tentez de réaliser une action sur une cellule protégée, un message s'affiche vous informant qu'il n'est pas possible de modifier les cellules protégées.

Pour supprimer la protection de la feuille, utilisez de nouveau la commande **Outils - Protéger le document - Feuille**. Si vous n'aviez pas utilisé de mot de passe, la protection de la feuille est supprimée immédiatement. Si un mot de passe a été utilisé, saisissez-le dans la boîte de dialogue **Annuler la protection de la feuille** puis cliquez sur le bouton **OK**.

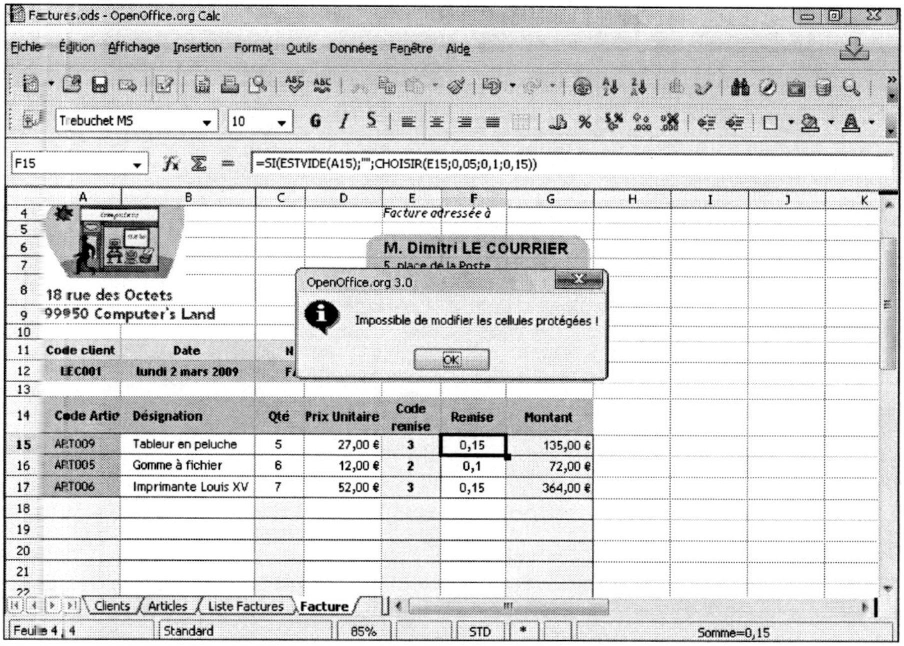

Ici, il n'est pas possible de modifier le contenu de la cellule F15.

© Editions ENI - Toute reproduction interdite

Définir les données autorisées

Cette manipulation permet de limiter le type de données autorisées dans une ou plusieurs cellules en définissant les critères de validation.

Sélectionnez les cellules concernées.

Données - Validité

Si besoin est, cliquez sur l'onglet **Critères**.

- Ouvrez la liste **Autoriser** et choisissez une option en fonction du type de données que vous souhaitez autoriser dans la cellule :

Toutes les valeurs	Pas de restriction.
Nombre entier	La donnée doit être un nombre entier.
Nombre décimal	La donnée doit être un nombre ou une fraction.
Date	La donnée doit être une date.
Heure	La donnée doit être une heure.
Plage de cellules	Cette option permet de définir une référence d'une plage de cellules contenant les données autorisées.
Liste	Cette option permet de créer une liste contenant les données autorisées.
Longueur du texte	Cette option permet de préciser le nombre de caractères autorisé pour la donnée.

Si vous choisissez **Nombre entier, Nombre décimal, Date, Heure** ou **Longueur du texte**, choisissez ensuite un opérateur dans la liste **Données** puis complétez les options en fonction de l'opérateur sélectionné.

Si vous choisissez **Plage de cellules**, précisez dans la zone **Source**, les références de cellules contenant les données autorisées ; cochez l'option **Afficher la liste de sélection** si vous souhaitez faire apparaître dans les cellules une liste déroulante contenant les données autorisées. Cochez l'option **Trier les entrées dans l'ordre croissant** si vous souhaitez trier par ordre croissant les données de la plage de cellules spécifiée.

*Vous pouvez indiquer dans la zone **Source** une plage de cellules nommée, précédée du signe = (ex : =listevendeurs).*

- Si vous choisissez **Liste**, saisissez, dans la zone **Entrées**, chacune des données autorisées en les séparant par la touche [Entrée] ; cochez l'option **Afficher la liste de sélection** si vous souhaitez faire apparaître dans les cellules une liste déroulante contenant les données autorisées. Cochez l'option **Trier les entrées dans l'ordre croissant** pour trier par ordre croissant les données de la liste.

  Quel que soit le type de données, cochez l'option **Autoriser les cellules vides** si vous acceptez que la cellule ne soit pas renseignée.

Définir les données autorisées

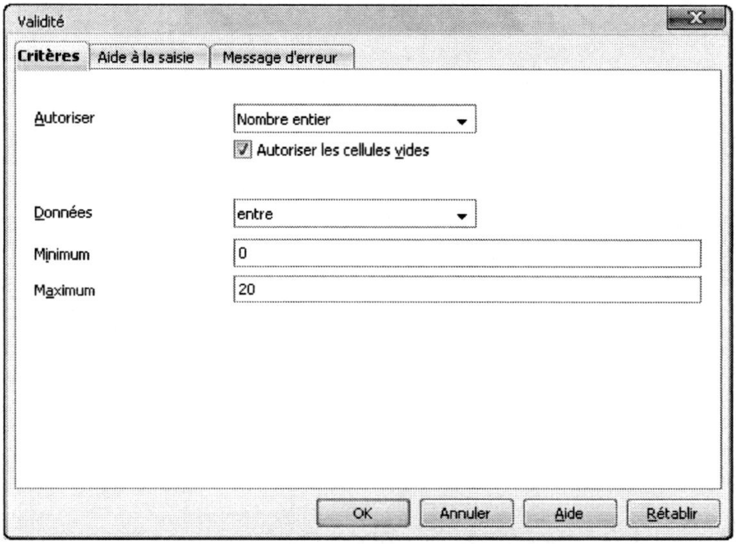

Ces critères de validation autorisent la saisie d'un nombre entier compris entre 0 et 20.

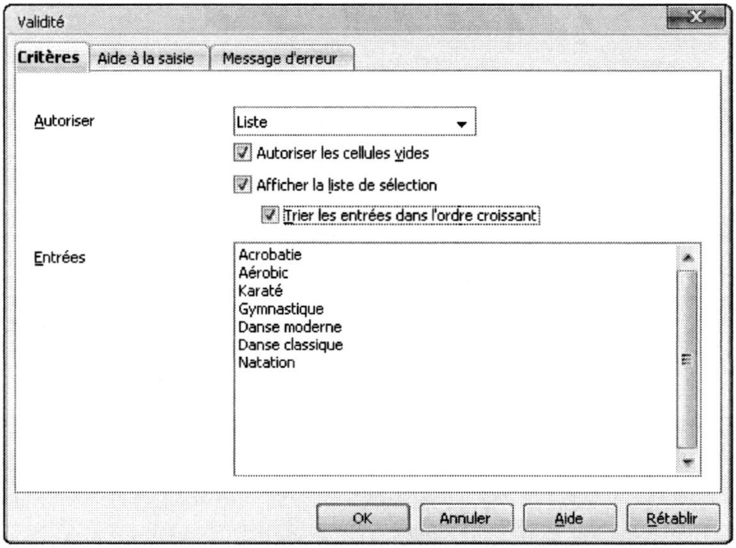

Ici, seules les données saisies dans la zone **Entrées** seront autorisées.

© Editions ENI - Toute reproduction interdite

Cliquez sur l'onglet **Message d'erreur** afin de définir le message à afficher lorsque les données saisies ne correspondent pas aux critères de validation.

Cochez si besoin, l'option **Afficher un message d'erreur en cas de saisie de valeurs incorrectes** puis précisez les options suivantes :

Action Le symbole devant apparaître dans la boîte de dialogue contenant le message d'erreur et le degré de tolérance de la saisie d'une valeur non autorisée

- **Arrêter** L'utilisateur est strictement limité à ce qui a été autorisé.
- **Avertissement/ Information** L'utilisateur peut forcer une saisie non autorisée en cliquant sur le bouton **OK** du message qui s'affiche ; le bouton **Annuler** permet de rejeter la saisie incorrecte.
- **Macro** La macro sélectionnée à l'aide du bouton **Parcourir** s'exécute en cas de saisie de données incorrectes.

Titre Le titre de cette boîte de dialogue.

Message d'erreur Le texte du message.

Cliquez sur le bouton **OK**.

Les données préalablement saisies ne sont pas contrôlées ; vous pouvez cependant mettre en évidence les cellules dont les données ne correspondent pas aux critères de validation (cf. titre suivant).

L'onglet **Aide à la saisie** de la boîte de dialogue **Validité** permet de définir le titre et le message d'une info-bulle à afficher lorsque la cellule est sélectionnée.

Entourer les données non valides

Cette manipulation permet de mettre en évidence, en les entourant d'un cercle rouge, les cellules contenant des données qui ne répondent pas aux critères de validation (cf. titre précédent).

Outils - Audit

Cliquez sur l'option **Marquer les données incorrectes**.

Pour effacer les cercles rouges, utilisez la commande **Outils - Audit - Supprimer tous les repères**.

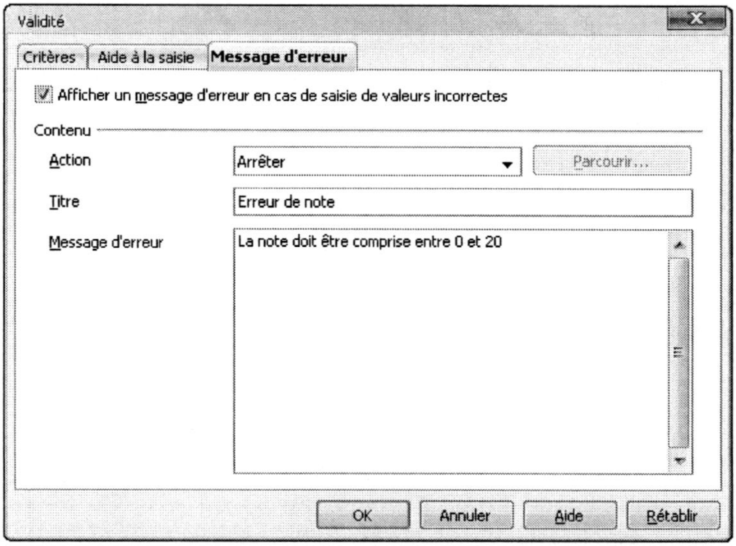

Toute saisie ne correspondant pas aux critères de validation entraînera l'apparition du message d'erreur.

Entourer les données non valides

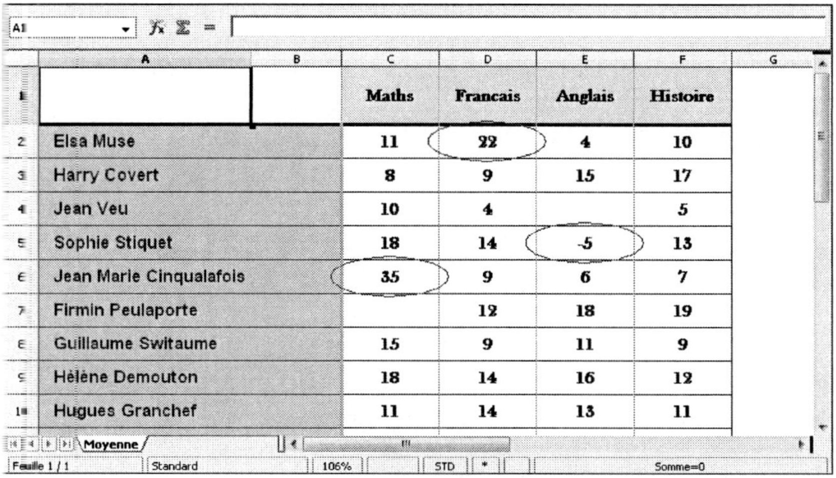

	A	B	C	D	E	F	G
1			Maths	Francais	Anglais	Histoire	
2	Elsa Muse		11	22	4	10	
3	Harry Covert		8	9	15	17	
4	Jean Veu		10	4		5	
5	Sophie Stiquet		18	14	-5	13	
6	Jean Marie Cinqualafois		35	9	6	7	
7	Firmin Peulaporte			12	18	19	
8	Guillaume Switaume		15	9	11	9	
9	Hélène Demouton		18	14	16	12	
10	Hugues Granchef		11	14	13	11	

Ici, les cellules C6, D2 et E5 sont entourées car elles ne contiennent pas une note comprise entre 0 et 20.

© Editions ENI - Toute reproduction interdite

Mettre un classeur à la disposition de plusieurs utilisateurs

Lorsque vous souhaitez travailler à plusieurs mais indépendamment sur un même classeur, vous devez réaliser des copies de ce classeur. Ces copies pourront ensuite être fusionnées de manière à constituer un seul et même classeur.
Cependant, avant d'effectuer une ou plusieurs copies d'un classeur, il est indispensable d'activer l'enregistrement des modifications. Ainsi, les modifications apportées au(x) copie(s) du classeur seront mises en évidence par une bordure autour des cellules.

Ouvrez le classeur que vous souhaitez mettre à la disposition de plusieurs utilisateurs.

Édition - Modifications - Enregistrer

*Une coche est désormais visible à gauche de l'option **Enregistrer**.*

Modifiez éventuellement les marques que Calc utilise pour afficher les différents types de modifications (cf. titre suivant).

Vous allez devoir maintenant mettre ce classeur à disposition des autres utilisateurs en le copiant dans un ou plusieurs dossiers accessibles par les utilisateurs concernés (dossier partagé de votre poste, réseau). Pour cela, utilisez la commande **Fichier - Enregistrer sous** autant de fois que vous souhaitez faire de copies.

Si vous le souhaitez, vous pouvez attribuer un autre nom à chaque copie du classeur.

Pour arrêter l'enregistrement des modifications, utilisez de nouveau la commande **Édition - Modifications - Enregistrer** : la coche n'est plus visible à gauche de l'option **Enregistrer**.

Modifier la couleur des marques

Vous pouvez éventuellement modifier la couleur des marques que Calc utilise pour afficher les différents types de modifications.

Outils - Options

Développez la catégorie **OpenOffice.org Calc** puis cliquez sur **Modifications**.

Pour chaque type de modification dont vous souhaitez modifier la couleur des marques, ouvrez la liste correspondante puis cliquez sur la couleur de votre choix ou sur l'option **Par auteur** si vous souhaitez laisser Calc attribuer automatiquement une couleur différente à chaque utilisateur du document.

Cliquez sur le bouton **OK**.

Mettre un classeur à la disposition de plusieurs utilisateurs

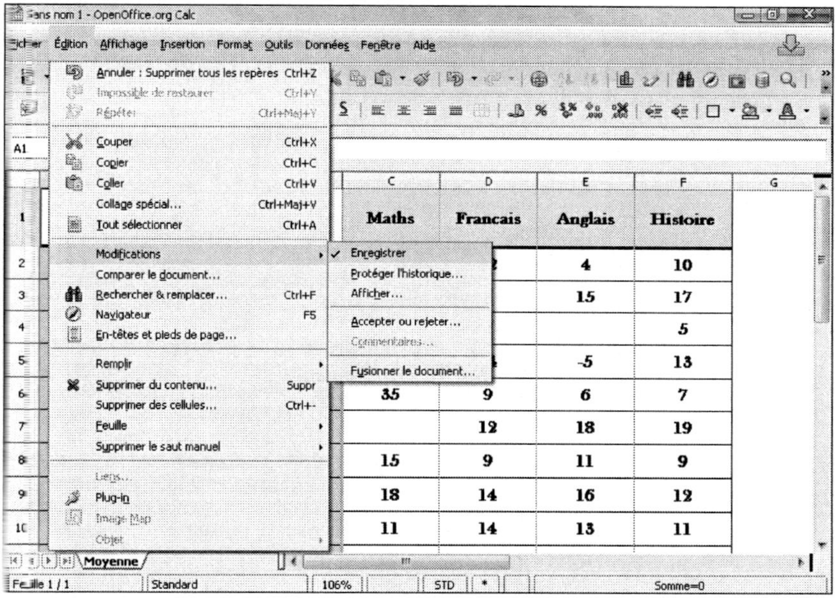

Modifier la couleur des marques

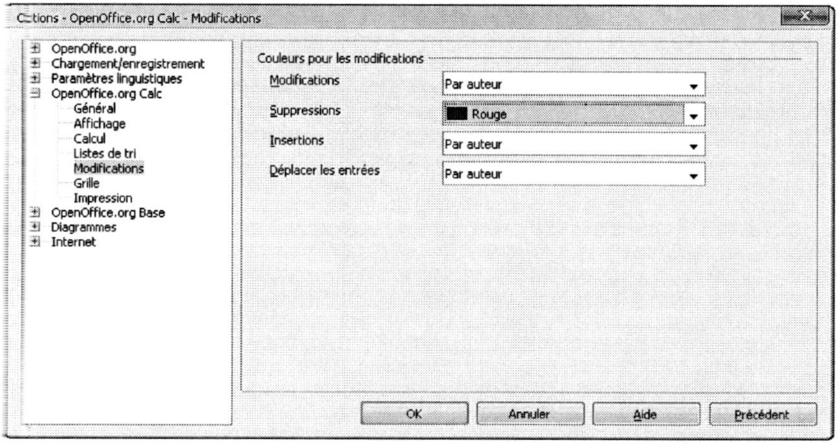

Par défaut, l'option **Par auteur** est attribuée à chaque type de modification.

© Editions ENI - Toute reproduction interdite

Associer des commentaires aux modifications

Vous pouvez associer un texte explicatif à une cellule modifiée (marquée).

Sélectionnez la cellule modifiée pour laquelle vous souhaitez associer un commentaire.

Édition - Modifications - Commentaires

La barre de titre de la boîte de dialogue qui s'affiche reprend le type de la modification. Le nom de l'auteur de la modification ainsi que la date de modification sont visibles dans la partie supérieure de la boîte de dialogue.

- Saisissez le **Texte** du commentaire dans la zone de saisie correspondante ; pour passer à la ligne suivante, appuyez sur la touche [Entrée].

  Pour associer un commentaire à une autre cellule modifiée, utilisez les boutons [←] et/ou [→] pour atteindre la cellule concernée puis saisissez le **Texte** du commentaire dans la zone de saisie correspondante.

  Procédez ainsi pour tous les commentaires que vous avez à créer puis cliquez sur le bouton **OK**.

- Pour afficher le commentaire d'une cellule modifiée, pointez la cellule concernée.

  Le commentaire apparaît dans une info-bulle, sous le nom de l'auteur de la modification.

Pour modifier le commentaire associé à une cellule modifiée, sélectionnez la cellule concernée, utilisez la commande **Édition - Modifications - Commentaires** puis modifiez le **Texte** dans la zone correspondante ; si vous supprimez le texte de cette zone, vous supprimez donc le commentaire.

Les commentaires sont également visibles dans la liste des modifications de la boîte de dialogue **Accepter ou rejeter les modifications** (cf. Accepter ou refuser les modifications de ce chapitre).

Associer des commentaires aux modifications

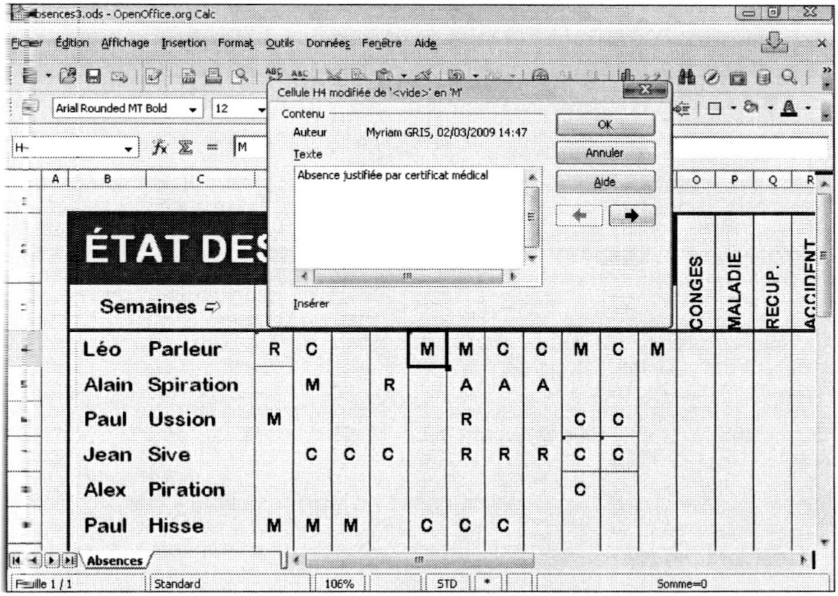

La référence de la cellule concernée est visible dans la barre de titre.

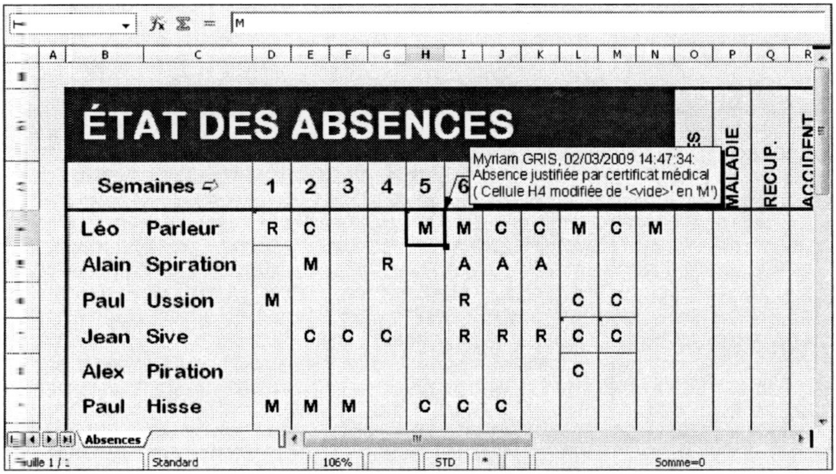

Dans cette info-bulle, vous visualisez également la date et l'heure de la modification ainsi que sa nature.

© Editions ENI - Toute reproduction interdite

Modifier les paramètres d'affichage des modifications

Vous pouvez choisir de masquer ou d'afficher les modifications enregistrées. Si vous choisissez de les afficher, vous pourrez les filtrer afin de choisir celles que vous souhaitez garder affichées dans votre feuille de calcul.

Édition - Modifications - Afficher

Pour **Afficher les modifications dans la feuille de calcul**, laissez cochée l'option correspondante ; à l'inverse, décochez cette option.

*Lorsque cette option est cochée, les options de la zone **Paramètres de filtre** sont disponibles et vont vous permettre, si besoin est, de spécifier les types de modification que vous souhaitez afficher dans votre feuille. Par défaut, toutes les modifications sont visibles dans la feuille de calcul.*

- Cochez l'option **Date** pour afficher les modifications apportées pendant l'intervalle de temps spécifié à l'aide des listes associées.

  Pour afficher les modifications d'un utilisateur spécifique, cochez l'option **Auteur** puis sélectionnez le nom de l'utilisateur concerné dans la liste associée.

  Pour afficher les modifications d'une plage de cellules, cochez l'option **Plage**, cliquez sur le bouton [...], sélectionnez la plage de cellules pour laquelle les modifications doivent être visualisées puis cliquez sur le bouton.

  Pour afficher les modifications en fonction du contenu des commentaires, cochez l'option **Commentaire** puis saisissez le ou les mots-clés que les commentaires doivent contenir pour que les modifications correspondantes s'affichent.

  Pour **Afficher les modifications acceptées** et/ou **Afficher les modifications refusées**, cochez la ou les options correspondantes.

  Cliquez sur le bouton **OK**.

Accepter/refuser des modifications lors de la fusion des classeurs

Dans un premier temps, il s'agit de réunir dans le classeur d'origine, par le biais d'une fusion, les modifications effectuées dans les copies du classeur par les différents utilisateurs. Ensuite, vous devrez choisir si vous souhaitez refuser ou incorporer les modifications au classeur d'origine en les acceptant ou en les refusant.

Ouvrez le classeur d'origine dans lequel les modifications doivent être fusionnées.

Édition - Modifications - Fusionner le document

Ouvrez le dossier contenant le classeur que vous souhaitez fusionner avec le classeur d'origine.

Faites un double clic sur le classeur à fusionner ou sélectionnez son nom puis cliquez sur le bouton **Insérer**.

*La boîte de dialogue **Accepter ou rejeter les modifications** répertorie les modifications enregistrées dans le document et va permettre de refuser ou d'incorporer ces modifications au classeur d'origine.*

Modifier les paramètres d'affichage des modifications

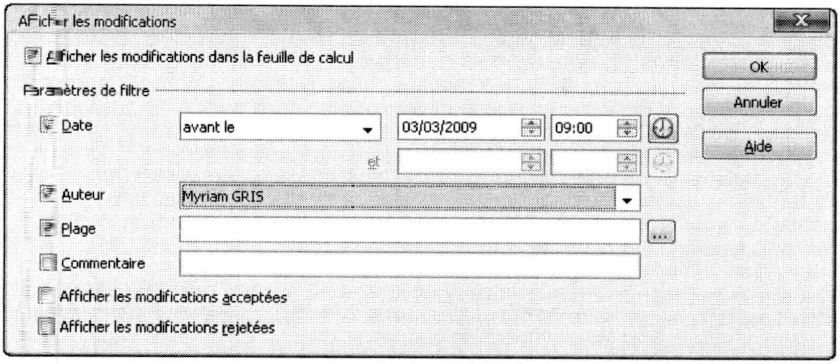

Ici, seules les modifications réalisées par Myriam GRIS avant le 03/03/2009 seront visibles.

Accepter/refuser des modifications lors de la fusion des classeurs

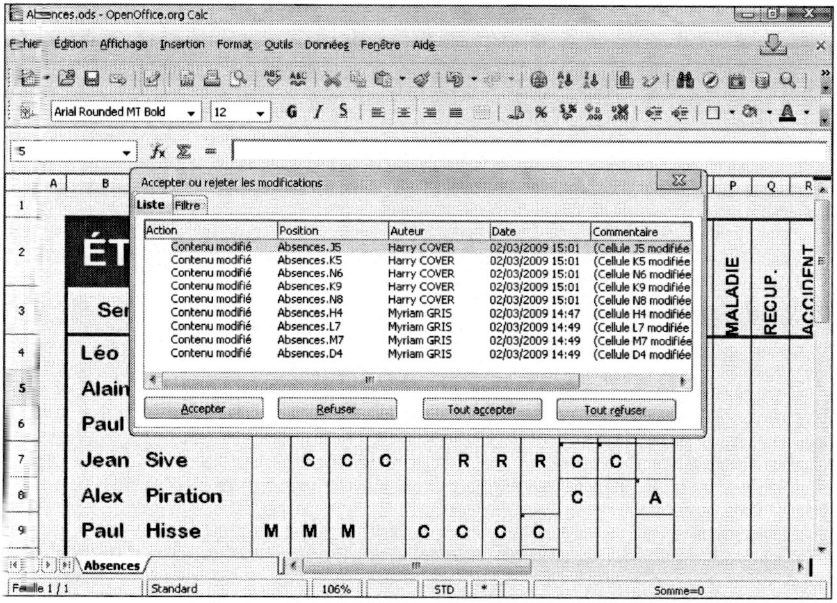

En arrière-plan, vous visualisez le classeur d'origine dans lequel les modifications des différents utilisateurs sont mises en évidence par une bordure de couleur autour des cellules.

© Editions ENI - Toute reproduction interdite

Si un utilisateur a modifié une modification réalisée par un autre utilisateur, un bouton ⊞ s'affiche à gauche de l'action concernée. Un clic sur le bouton ⊞ permet de développer l'arborescence de l'action et ainsi de visualiser les différentes modifications par ordre croissant des dates. Dans le classeur d'origine, vous visualisez la modification la plus récente.

Augmentez éventuellement la taille de la fenêtre pour bien visualiser le contenu de la colonne **Commentaire**. Pour cela, réalisez un cliqué-glissé à partir d'un bord de la fenêtre.

Filtrez éventuellement la liste des modifications (par exemple vous souhaitez afficher uniquement les modifications d'un utilisateur particulier) à l'aide des options de l'onglet **Filtre** (cf. Titre précédent).

Si besoin est, cliquez sur l'onglet **Liste**.

Pour accepter une modification, sélectionnez-la dans la liste puis cliquez sur le bouton **Accepter**.

Lorsque vous sélectionnez une modification dans la liste, la modification correspondante est sélectionnée dans le classeur.

Pour accepter toutes les modifications, cliquez sur le bouton **Tout accepter**.

Pour rejeter une modification, sélectionnez-la dans la liste puis cliquez sur le bouton **Refuser**

Pour rejeter toutes les modifications, cliquez sur le bouton **Tout refuser**.

*Les modifications **Acceptées** et **Refusées** sont stockées dans les groupes correspondants. Pour visualiser le contenu de ces groupes et ainsi afficher les modifications correspondantes, il vous suffit de cliquer sur les boutons ⊞. Les modifications apparaissent grisées puisqu'elles ont déjà été traitées et qu'il n'est plus possible de les accepter ou de les rejeter à nouveau.*

Lorsque vous avez terminé d'accepter ou de refuser les modifications souhaitées, fermez la boîte de dialogue **Accepter ou rejeter les modifications** en cliquant sur le bouton X.

*Sachez que toutes les modifications ne doivent pas être nécessairement traitées à la suite de la fusion. En effet, par la suite vous pourrez sans problème afficher de nouveau la boîte de dialogue **Accepter ou rejeter les modifications** à l'aide du menu **Édition - Modifications - Accepter ou rejeter**.*

Dans le classeur, les cellules pour lesquelles les modifications ont été acceptées ou rejetées, ne sont plus mises en évidence par une bordure de couleur.

Procédez ainsi pour chaque copie de classeur à fusionner avec le classeur d'origine.

Enregistrez les modifications apportées au classeur puis fermez-le.

Pour modifier le commentaire d'une modification par l'intermédiaire de la boîte de dialogue **Accepter ou rejeter les modifications**, cliquez sur la modification concernée avec le bouton droit de la souris, puis cliquez sur l'option **Éditer le commentaire**.

Un clic sur l'en-tête d'une colonne de la boîte de dialogue **Accepter ou rejeter les modifications** permet de trier la colonne correspondante par ordre croissant ; un autre clic permet de la trier par ordre décroissant.

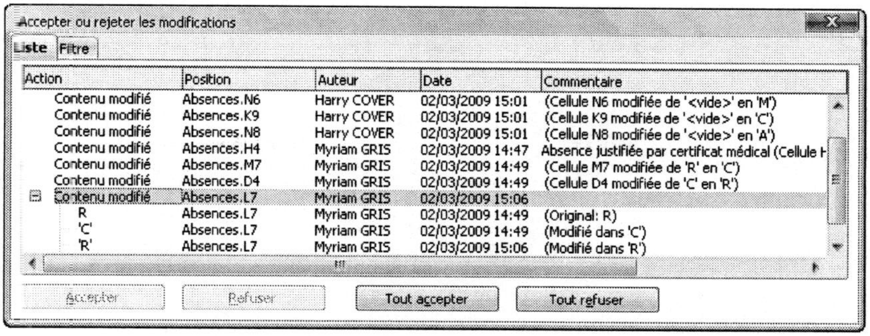

Une description de chaque modification est visible dans la colonne **Commentaire**.

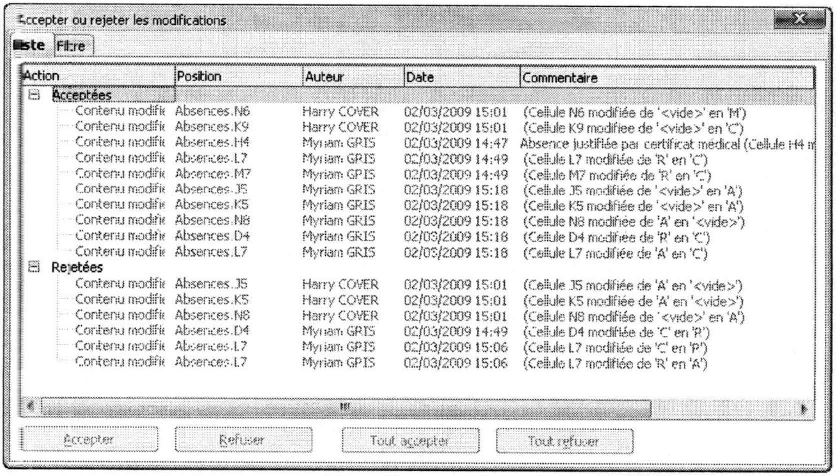

Vous pouvez modifier la taille d'une colonne en faisant glisser le trait situé à droite de la colonne concernée.

© Editions ENI - Toute reproduction interdite

Protéger les modifications enregistrées

Il s'agit ici de protéger par un mot de passe les modifications enregistrées dans un classeur. Ainsi, seuls les utilisateurs connaissant le mot de passe pourront accepter ou rejeter les modifications de ce classeur et désactiver la fonction d'enregistrement des modifications.

Ouvrez le classeur pour lequel vous souhaitez protéger les modifications.

Édition - Modifications - Protéger l'historique

Saisissez le **Mot de passe** comportant un minimum de cinq caractères dans la zone de saisie correspondante.

Saisissez de nouveau le mot de passe pour confirmation dans la zone **Confirmer**.

Cliquez sur le bouton **OK**.

Pour désactiver la protection des modifications, utilisez de nouveau la commande **Édition - Modifications - Protéger l'historique**, saisissez le mot de passe puis cliquez sur le bouton **OK**.

Protéger les modifications enregistrées

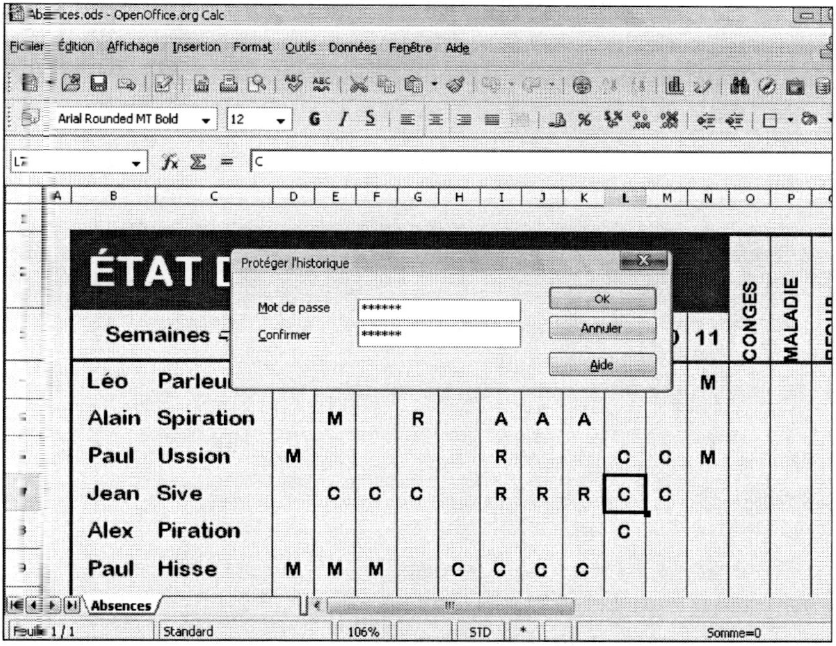

Les caractères saisis sont remplacés par des astérisques.

© Editions ENI - Toute reproduction interdite

Comparer des classeurs

Dans un premier temps, il s'agit de comparer deux classeurs (un classeur d'origine et une copie de celui-ci) pour lesquels l'enregistrement des modifications n'a pas été activé. Ensuite, vous pourrez accepter ou refuser d'ajouter dans le classeur d'origine, les modifications effectuées dans celui-ci ou dans la copie du classeur.

Ouvrez le classeur d'origine ; c'est dans ce classeur que les éventuelles modifications de la copie du classeur seront ajoutées.

Édition - Comparer le document

Ouvrez le dossier contenant le classeur que vous souhaitez comparer avec le classeur d'origine.

Nous vous rappelons que l'enregistrement des modifications ne doit pas être activé. Si c'est le cas, désactivez-le à l'aide de la commande ***Édition - Modifications - Enregistrer****.*

Faites un double clic sur le classeur à comparer ou sélectionnez son nom puis cliquez sur le bouton **Insérer**.

Calc compare le classeur que vous venez de choisir avec le classeur d'origine et répertorie, dans la boîte de dialogue ***Accepter ou rejeter les modifications****, la liste des différences trouvées entre ces deux classeurs. Cette boîte de dialogue va vous permettre d'accepter ou de refuser d'ajouter dans le classeur d'origine, les modifications effectuées dans celui-ci ou dans la copie du classeur.*

Pour chaque différence répertoriée dans la liste, cliquez sur un des boutons suivants :

Accepter Si la modification a été réalisée dans la copie du classeur d'origine, Calc ignore cette modification : le classeur d'origine (celui qui est visible à l'écran) n'est pas modifié.
Si la modification a été réalisée dans le classeur d'origine, Calc accepte cette modification.

Refuser Si la modification a été réalisée dans la copie du classeur d'origine, Calc accepte la modification réalisée dans la copie du classeur : le classeur d'origine (celui qui est visible à l'écran) est modifié. Si la modification a été réalisée dans le classeur d'origine, Calc refuse cette modification.

Pour ignorer toutes les modifications réalisées dans la copie du classeur et accepter celles réalisées dans le classeur d'origine, cliquez sur le bouton **Tout accepter**.

Pour accepter toutes les modifications réalisées dans la copie du classeur et refuser celles réalisées dans le classeur d'origine, cliquez sur le bouton **Tout refuser**.

Lorsque vous avez terminé d'accepter ou de refuser les modifications souhaitées, fermez la boîte de dialogue **Accepter ou rejeter les modifications** en cliquant sur le bouton .

Enregistrez les modifications apportées au classeur d'origine puis fermez-le.

Comparer des classeurs

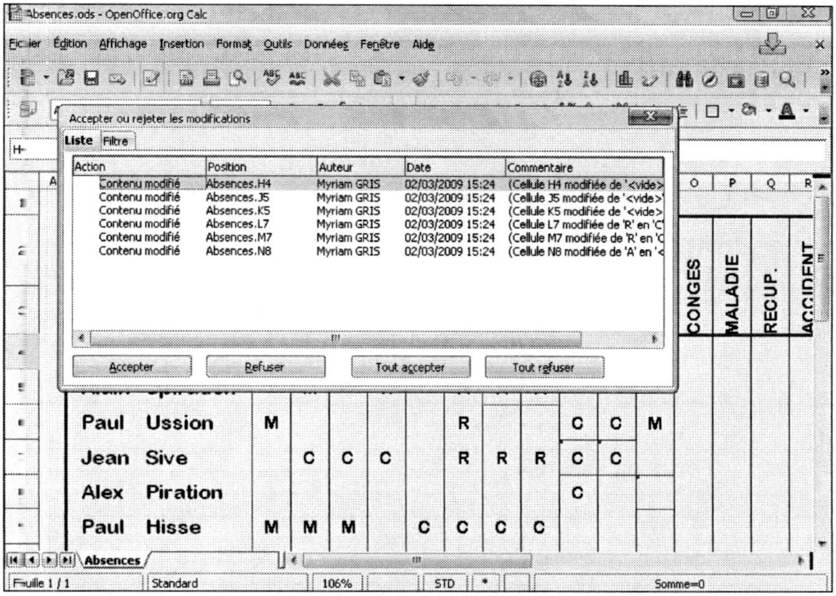

Ici, 6 actions ont été recensées dans la boîte de dialogue **Accepter ou refuser les modifications**.

© Editions ENI - Toute reproduction interdite

NOTES PERSONNELLES

Partie 6

FONCTIONS AVANCÉES DIVERSES

Utiliser le Navigateur

Le Navigateur affiche les éléments contenus dans le classeur par catégorie et vous permet avant tout de vous déplacer vers les objets (images, feuille de calculs, noms de plage, notes...) de votre choix.

Pour afficher la fenêtre du Navigateur, utilisez la commande **Édition - Navigateur** ou cliquez sur l'outil ou appuyez sur la touche F5.

Si le contenu du Navigateur n'est pas visible, affichez-le en cliquant sur le bouton ; un autre clic sur le bouton permet de masquer le contenu du Navigateur.

Si plusieurs classeurs sont ouverts dans votre application Calc et que le classeur actif n'est pas celui pour lequel vous souhaitez afficher les éléments dans le Navigateur, ouvrez la liste des documents visible en bas de la fenêtre du Navigateur puis sélectionnez le classeur concerné.

- *Lorsque le classeur contient un ou plusieurs éléments dont le type est listé parmi les catégories du Navigateur, cette dernière est précédée d'un signe ⊞.*

  Pour accéder à une cellule précise, saisissez la lettre de sa **Colonne** dans la zone correspondante puis validez par Entrée et saisissez ensuite le numéro de sa **Ligne** puis validez par Entrée.

  Pour mettre en évidence la cellule active ou la plage de données en la noircissant, cliquez sur le bouton . Pour se déplacer sur la première cellule de la plage de cellules active, cliquez sur le bouton ; pour se déplacer sur la dernière cellule de cette plage, cliquez sur le bouton .

- Pour vous déplacer sur un des éléments du classeur, affichez la liste des éléments de la catégorie concernée en cliquant sur le bouton ⊞ correspondant puis faites un double clic sur l'élément sur lequel vous souhaitez vous déplacer ; le bouton ⊞ devient ⊟, vous permettant alors de refermer la liste des éléments de la catégorie.

  Lorsque vous positionnez le pointeur de la souris sur une catégorie, l'info-bulle indique le nombre d'éléments contenu dans celle-ci.

  Pour masquer la fenêtre du Navigateur, cliquez sur le bouton ou appuyez sur le touche F5 ou désactivez l'outil ou appuyez sur la touche Echap .

Le bouton de la fenêtre du Navigateur permet d'afficher les scénarios disponibles

Les options associées au bouton de la fenêtre du Navigateur permettent de définir le type d'action à réaliser lors du cliqué-glissé d'un objet à partir du Navigateur vers la feuille de calcul : **Insérer comme hyperlien, Insérer comme lien** ou **Insérer comme copie**.

Vous pouvez ancrer la fenêtre du Navigateur au bord gauche, droit ou inférieur de la fenêtre Calc. Pour cela, il suffit de réaliser un cliqué-glissé à partir de la barre de titre du Navigateur vers le bord auquel vous souhaitez l'ancrer. Dans ce cas, cliquez sur pour masquer la fenêtre du Navigateur ou pour l'afficher à nouveau.

Utiliser le Navigateur

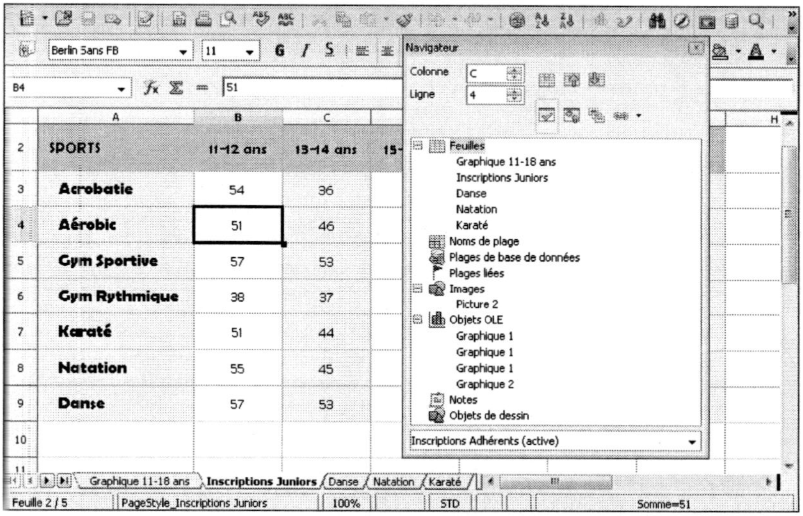

Vous pouvez modifier la taille de la fenêtre du **Navigateur** en faisant glisser un de ses bords.

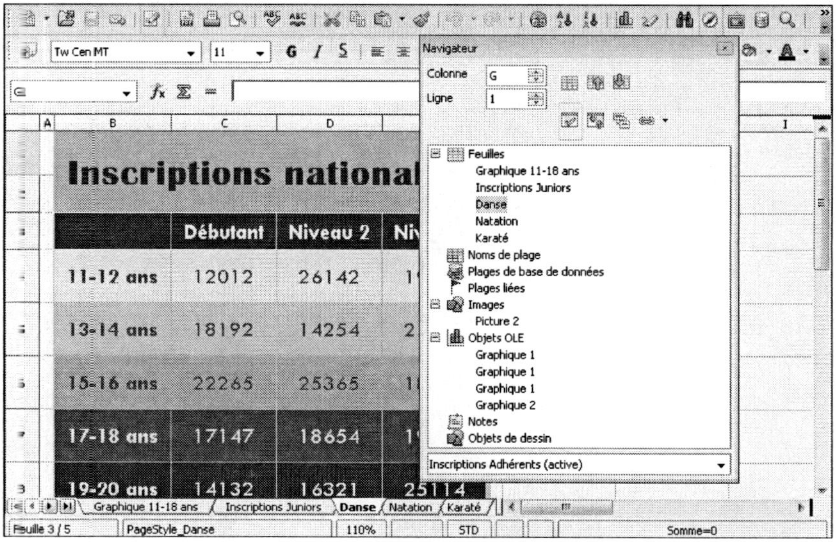

Ici, un double clic sur l'élément **Danse** permet de sélectionner la feuille **Danse**.

© Editions ENI - Toute reproduction interdite

Masquer/afficher une feuille

Pour masquer une feuille, sélectionnez-la en cliquant sur son onglet puis utilisez la commande - **Format - Feuille - Masquer**.

La feuille disparaît de la barre d'onglets.

Pour afficher une feuille masquée, utilisez la commande **Format - Feuille - Afficher** puis faites un double clic sur le nom de la feuille à afficher.

Les feuilles masquées ne seront pas prises en compte lors de l'impression à condition qu'elles ne se trouvent pas à l'intérieur d'une zone d'impression.

Masquer des lignes/des colonnes

Sélectionnez les lignes ou les colonnes que vous souhaitez masquer.

Format - Ligne ou **Colonne - Masquer**

*Vous pouvez également faire un clic droit sur la sélection et cliquer sur l'option **Masquer**.*

Une rupture dans les en-têtes de colonnes/lignes indique que des lignes ou des colonnes sont masquées.

Pour afficher à nouveau les lignes ou les colonnes masquées, sélectionnez les lignes ou colonnes qui précèdent et suivent la rupture d'en-tête.

Format - Ligne ou **Colonne - Afficher** ou cliquez avec le bouton droit et sélectionnez l'option **Afficher**.

Pour masquer une colonne, vous pouvez aussi réduire sa taille à zéro.

Masquer/afficher une feuille

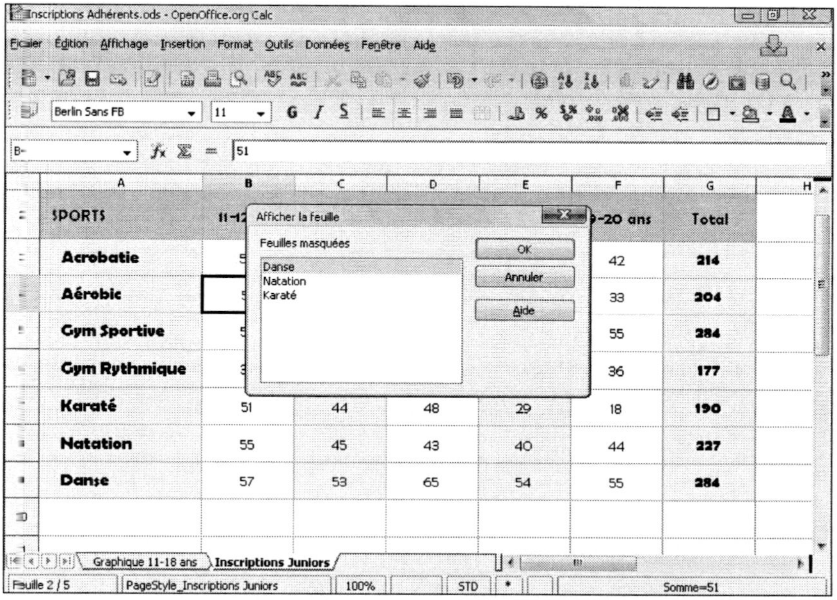

Plusieurs feuilles d'un même classeur peuvent être masquées.

Masquer des lignes/des colonnes

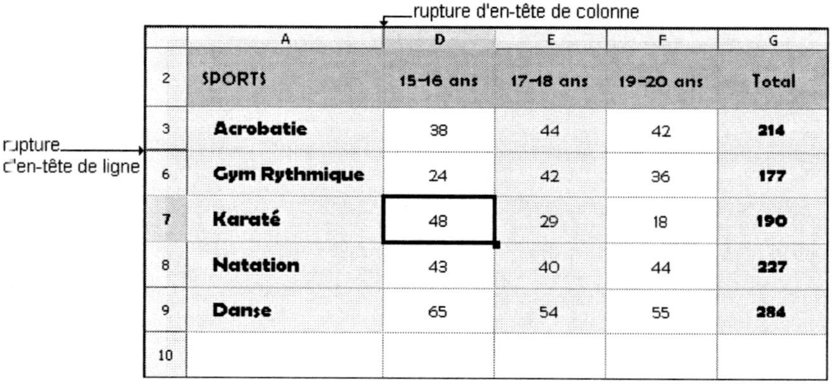

Les lignes 4 et 5 ainsi que les colonnes B et C sont masquées.

© Editions ENI - Toute reproduction interdite

Créer plusieurs versions d'un classeur

Une version "photographie" à un instant précis votre classeur sans créer de nouveau fichier. Les différentes versions sont enregistrées dans le classeur et permettent ainsi d'économiser de l'espace disque.

Ouvrez le classeur concerné.

Fichier - Versions

Cliquez sur le bouton **Enregistrer une nouvelle version**.

Saisissez un commentaire.

Cliquez sur le bouton **OK**.

Pour créer systématiquement une version à la fermeture du classeur, cochez l'option **Toujours enregistrer une version lors de la fermeture**.

Cliquez sur le bouton **Fermer**.

Gérer les versions d'un classeur

Ouvrez le classeur concerné.

Fichier - Versions

Pour ouvrir une version, sélectionnez la version à consulter puis cliquez sur le bouton **Ouvrir** ou, faites un double clic sur la version à consulter.

La version s'ouvre en lecture seule.

Après avoir consulté la version, utilisez la commande **Fichier - Fermer** pour retrouver le document d'origine.

Pour supprimer une version, sélectionnez la version à supprimer puis cliquez sur le bouton Supprimer.

Pour afficher le commentaire d'une version, sélectionnez la version dont vous souhaitez afficher les commentaires puis cliquez sur le bouton **Afficher**.

Après avoir consulté le commentaire, cliquez sur le bouton **Fermer**.

Cliquez sur le bouton **Fermer** de la boîte de dialogue **Versions**.

Pour enregistrer une version sous forme de fichier, ouvrez-la puis utilisez la commande **Fichier - Enregistrer sous**.

Créer plusieurs versions d'un classeur

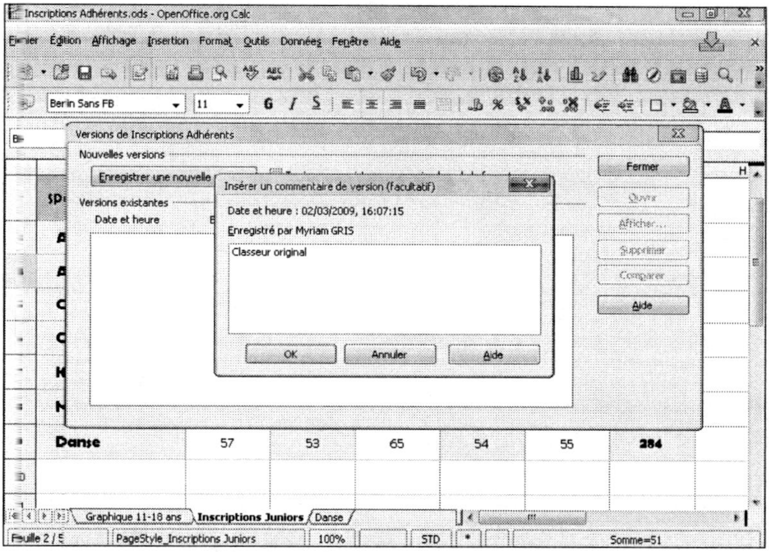

La date et l'heure de l'enregistrement de la version sont visibles dans la partie supérieure de la boîte de dialogue.

Gérer les versions d'un classeur

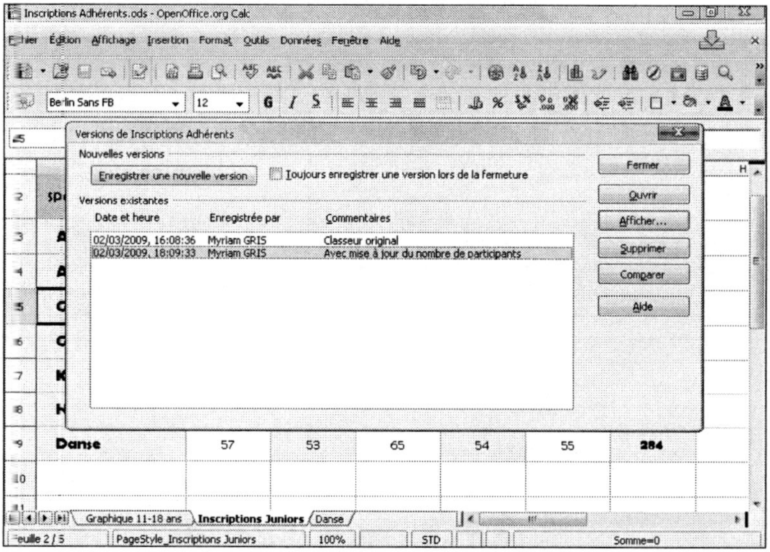

Le nom du classeur est visible dans la barre de titre de la boîte de dialogue.

© Editions ENI - Toute reproduction interdite

Enregistrer des classeurs pour le Web

Il s'agit ici de créer un site Web et pour cela, nous allons utiliser l'Assistant Web d'OpenOffice.

Fichier - Assistants - Page Web

La fenêtre de l'Assistant Web apparaît à l'écran. Si un message vous indique que vous devez installer JRE (Java Runtime Environment), accédez au site java.sun.com pour télécharger le plug-in.

Cliquez sur le bouton **Suivant** pour accéder à la seconde étape.

La seconde étape va vous permettre de sélectionner le ou les classeurs que vous souhaitez publier.

Pour chacun des classeurs à publier sur votre site Web, suivez ces instructions :

- Cliquez sur le bouton **Ajouter**, sélectionnez le classeur à ajouter à votre site Web puis cliquez sur le bouton **Ouvrir** ; vous pouvez aussi faire un double clic sur le nom du fichier à ajouter.
- Sélectionnez le format dans lequel vous souhaitez exporter le classeur à l'aide de la liste **Exporter format de fichier** ; par défaut le format **HTML** est sélectionné.
- Saisissez le **Titre** du document dans la zone correspondante. Le titre apparaîtra sous forme d'hyperlien sur la page d'index de votre site Web permettant ainsi d'afficher le document associé.
- Saisissez éventuellement une description pour le classeur dans la zone **Résumé** ainsi que le nom de l'**Auteur** du classeur dans la zone correspondante ; par défaut, la zone **Auteur** reprend le nom et le prénom visibles dans les **Données d'identité** de la boîte de dialogue **Options** (**Outils - Options** - catégorie **OpenOffice.org - Données d'identité**).

Modifiez éventuellement l'ordre des fichiers de la zone **Contenu du site Web** à l'aide du bouton pour déplacer le fichier vers le haut et du bouton pour le déplacer vers le bas.

L'ordre de cette liste permet de définir l'ordre d'emplacement des hyperliens dans la page d'index de votre site Web.

Pour supprimer un fichier, sélectionnez-le dans la zone **Contenu du site Web** puis cliquez sur le bouton **Supprimer**.

Cliquez sur le bouton **Suivant** pour atteindre l'étape **Mise en page principale**.

Cliquez sur le modèle de **Mise en page** souhaité pour la page d'index.

Cliquez sur le bouton **Suivant** pour atteindre l'étape **Détails de la mise en page**.

Enregistrer des classeurs pour le Web

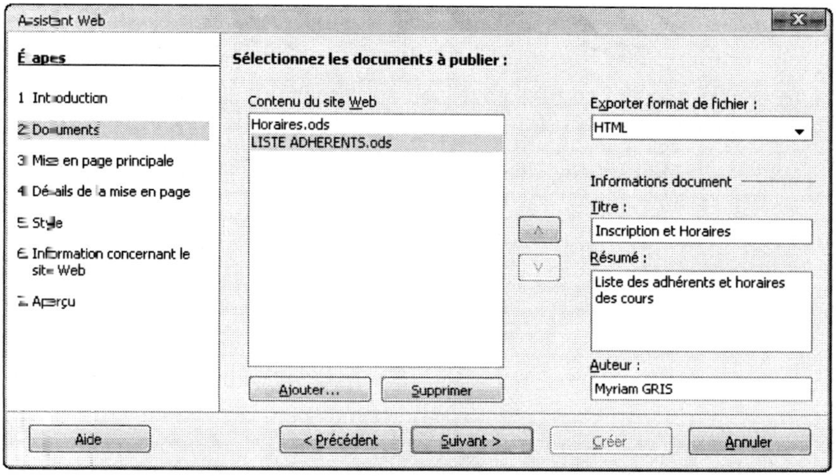

Le texte des zones **Résumé** et **Auteur** sera visible sous l'hyperlien dans la page d'index.

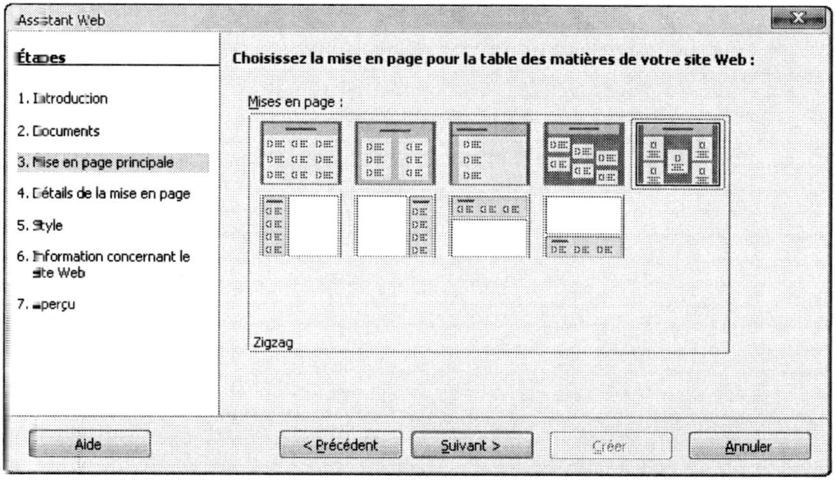

Le nom de la mise en page sélectionnée est visible dans la partie inférieure de l'encadré **Mises en page**.

© Editions ENI - Toute reproduction interdite

- Dans la zone **Inclure les informations suivantes pour chaque document de la table des matières**, cochez les options correspondant aux informations que vous souhaitez afficher dans la page d'index.

  Dans la zone **Optimiser la mise en page pour la résolution d'écran**, activez l'option correspondant à la résolution d'écran souhaitée.

  Cliquez sur le bouton **Suivant** pour atteindre l'étape **Style**.

- Sélectionnez, dans la liste **Style**, un jeu de couleurs pour la page d'index.

  Choisissez, éventuellement, une **Image d'arrière-plan** pour la page d'index en cliquant sur le bouton **Choisir**.

  Sélectionnez, éventuellement, le **Jeu d'icônes** à utiliser pour les éléments de navigation dans la page d'index, en cliquant sur le bouton **Choisir** correspondant.

  Un aperçu des options choisies dans cette étape est visible dans la partie inférieure de la fenêtre.

  Cliquez sur le bouton **Suivant** pour atteindre l'étape **Information concernant le site Web**

  Saisissez le **Titre** de la page d'index dans la zone de saisie correspondante : ce titre s'affichera dans la barre de titre de votre navigateur.

  Renseignez éventuellement, les options de la zone **Métadonnées HTML** ; ces informations concernent la page d'index et sont stockées dans une balise Méta HTM.

  Cliquez sur le bouton **Suivant** pour atteindre l'étape suivante.

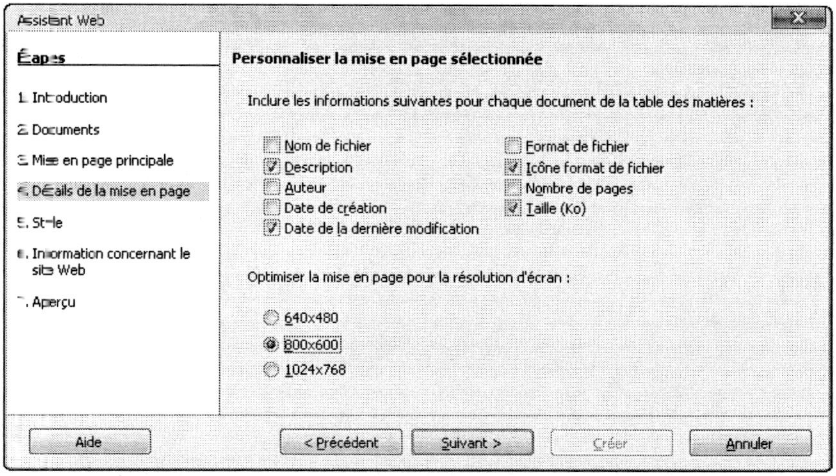

Par défaut, les options **Description, Icône format de fichier** et **Taille** sont cochées.

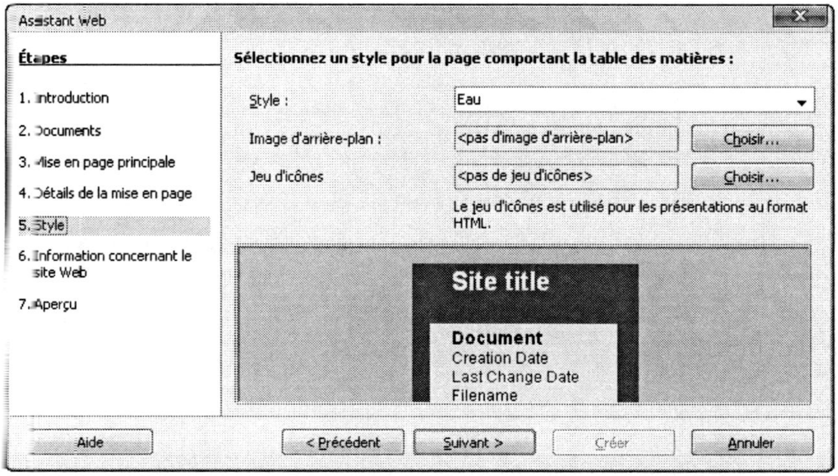

Par défaut, aucune image d'arrière-plan et aucun jeu d'icônes ne sont sélectionnés.

© Editions ENI - Toute reproduction interdite

Pour visualiser un aperçu de la page d'index dans votre navigateur, cliquez sur le bouton **Aperçu**. Après visualisation, fermez votre navigateur en cliquant sur le bouton .

Spécifiez comment votre site Web doit être publié en cochant l'option souhaitée :

Dans un dossier local La page d'index et les fichiers sont enregistrés dans le dossier local dont le chemin doit être spécifié dans la zone associée.

Dans une archive ZIP La page d'index et les fichiers sont enregistrés dans un fichier d'archive compressé dont le chemin doit être spécifié dans la zone associée.

Sur un serveur Web via FTP La page d'index et les fichiers sont enregistrés sur un serveur FTP dont le nom doit être spécifié dans la zone associée.

Pour enregistrer les paramètres spécifiés dans l'assistant, afin éventuellement de les réutiliser pour la création d'un autre site Web, laissez l'option **Enregistrer les paramètres (recommandé)** cochée puis modifiez éventuellement le nom du fichier de paramètres dans la zone **Enregistrer sous** ; par défaut le nom de ce fichier est **Paramètres de l'assistant Webn**.

Cliquez sur le bouton Créer.

Après quelques secondes, cliquez sur le bouton **OK** de la boîte de dialogue qui vous informe que votre site Web est créé.

Si besoin est, publiez votre site Web afin qu'il puisse être visible sur le réseau (Internet et/ou Intranet). Pour cela, ouvrez l'Explorateur Windows, sélectionnez le dossier concerné puis copiez-les sur un serveur Web.

Lors de la création d'un site Web, vous pouvez, dans la première étape de l'Assistant Web, sélectionner le fichier contenant les paramètres à charger dans la liste **Choisir les paramètres de l'assistant Web**. L'option **<par défaut>** de cette liste permet d'appliquer les paramètres par défaut. Le bouton **Supprimer** visible à droite de cette liste permet de supprimer le fichier de paramètres sélectionné dans la liste.

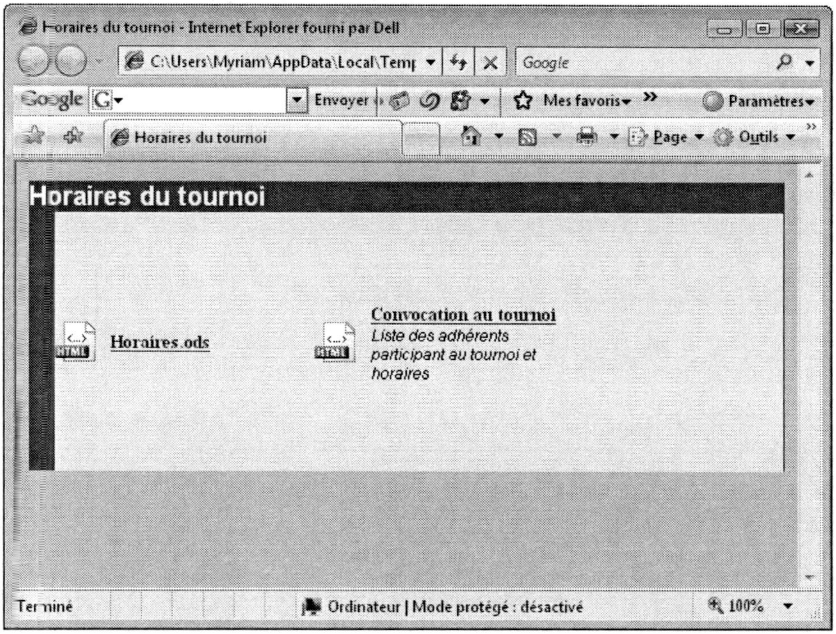

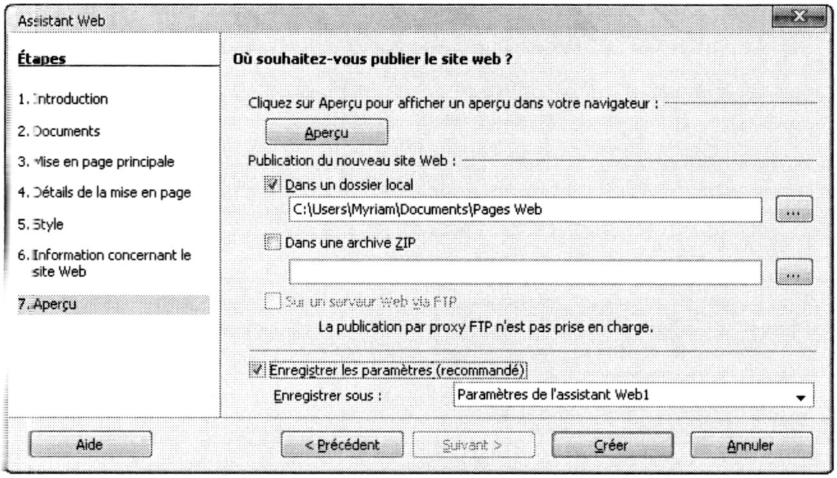

L'option **Sur un serveur Web via FTP** est indisponible si vous êtes connecté à Internet via un serveur Proxy.

© Editions ENI - Toute reproduction interdite

Créer un hyperlien vers une adresse Internet

*Un hyperlien est aussi appelé **lien hypertexte**.*

Cliquez dans la cellule dans laquelle doit être inséré l'hyperlien ou, si vous souhaitez associer l'hyperlien à un texte existant, sélectionnez-le par un cliqué-glissé afin de le mettre en surbrillance.

Insertion - Hyperlien ou

Sélectionnez le bouton **Internet** dans la barre visible à gauche de la boîte de dialogue **Hyperlien**.

Choisissez vers quel type d'adresse Internet créer le lien en activant l'option correspondante : **Web, FTP** ou **Telnet**.

Saisissez l'adresse Internet auquel le lien doit faire référence dans la zone **Cible**.

Si vous avez choisi l'option **FTP**, spécifiez votre **Login** ainsi que votre **Mot de passe** dans les zones correspondantes.

L'hyperlien devant être inséré sous forme de **Texte**, veillez à ce que l'option correspondante soit sélectionnée dans la liste **Formulaire**.

*Un hyperlien est inséré sous forme de **Bouton** dans un formulaire uniquement.*

Dans la zone de saisie **Texte**, saisissez ou modifiez, si besoin est, le texte que vous souhaitez attribuer à l'hyperlien ; si vous avez sélectionné un texte dans votre feuille de calcul, celui-ci apparaît dans cette zone.

Cliquez sur le bouton **Appliquer** pour créer l'hyperlien dans votre feuille de calcul.

Cliquez sur le bouton **Fermer** pour fermer la boîte de dialogue.

Créer un hyperlien vers une adresse Internet

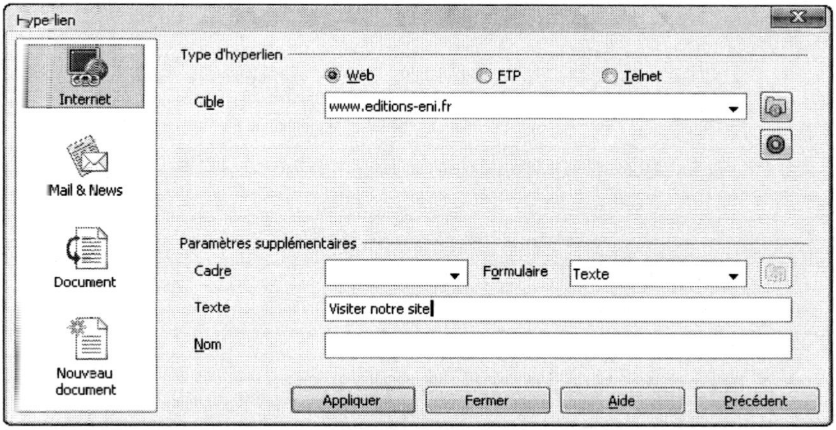

Si vous ne renseignez pas la zone **Texte**, Calc affichera par défaut l'adresse complète du nouveau document.

© Editions ENI - Toute reproduction interdite

Créer un lien vers un fichier existant

Cliquez dans la cellule dans laquelle doit être inséré l'hyperlien ou, si vous souhaitez associer l'hyperlien à un texte existant, sélectionnez-le par un cliqué-glissé afin de le mettre en surbrillance.

Insertion - Hyperlien ou

- Sélectionnez le bouton **Document** dans la barre visible à gauche de la boîte de dialogue **Hyperlien**.

  Spécifiez, dans la zone correspondante, le **Chemin** du fichier (emplacement et nom) auquel le lien doit faire référence ou cliquez sur le bouton pour le sélectionner.

  Si vous souhaitez associer l'hyperlien à un élément du fichier auquel l'hyperlien fait référence, cliquez sur le bouton .

  *La fenêtre **Cible à l'intérieur du document** apparaît à l'écran.*

- Cliquez sur le bouton ⊞ associé au type d'élément à visualiser puis sélectionnez l'élément auquel associer l'hyperlien.

  Cliquez ensuite sur le bouton **Appliquer** puis sur le bouton **Fermer**.

  L'hyperlien devant être inséré sous forme de **Texte**, veillez à ce que l'option correspondante soit sélectionnée dans la liste **Formulaire**.

  *Un hyperlien est inséré sous forme de **Bouton** dans un formulaire uniquement.*

  Dans la zone de saisie **Texte**, saisissez ou modifiez, si besoin est, le texte que vous souhaitez attribuer à l'hyperlien ; si vous avez sélectionné un texte dans votre feuille de calcul, celui-ci apparaît dans cette zone.

  *Si vous ne renseignez pas la zone **Texte**, Calc affichera par défaut l'adresse complète du nouveau document.*

  Cliquez sur le bouton **Appliquer** pour créer l'hyperlien dans votre feuille de calcul.

  Cliquez sur le bouton **Fermer** pour fermer la boîte de dialogue.

Créer un lien vers un fichier existant

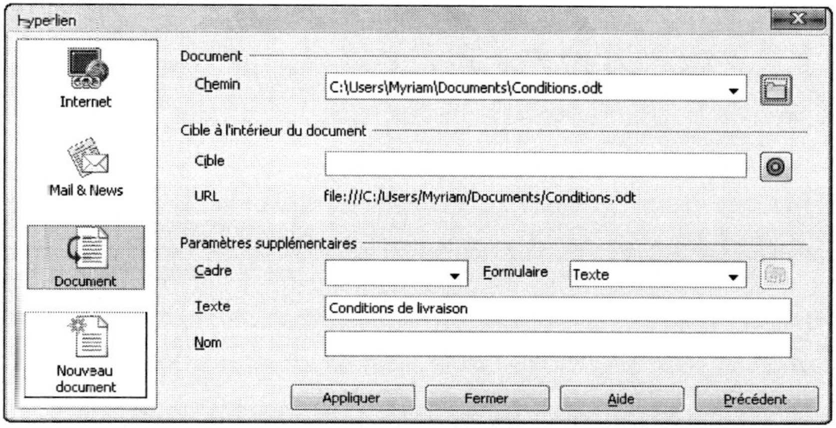

Ici, l'hyperlien va faire référence au fichier Writer **Conditions.odt**.

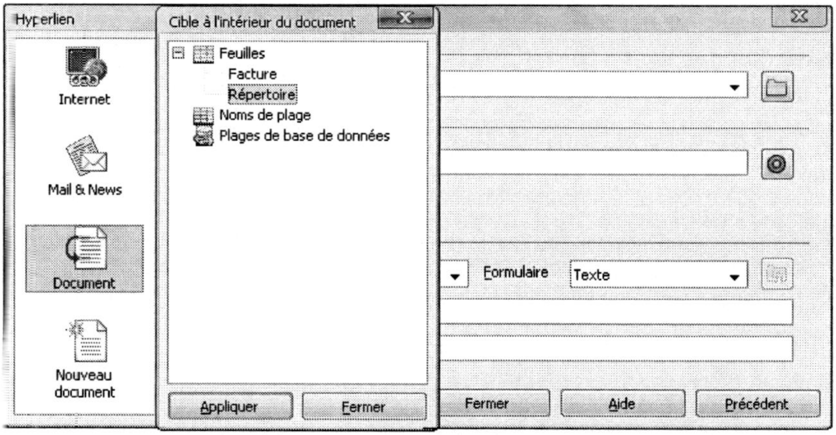

Les types d'élément visibles dans cette fenêtre diffèrent en fonction du type de fichier.

© Editions ENI - Toute reproduction interdite

Créer un lien vers un nouveau fichier

Cliquez dans la cellule dans laquelle doit être inséré l'hyperlien ou, si vous souhaitez associer l'hyperlien à un texte existant, sélectionnez-le par un cliqué-glissé afin de le mettre en surbrillance.

Insertion - Hyperlien ou

- Sélectionnez le bouton **Nouveau document** dans la barre visible à gauche de la boîte de dialogue **Hyperlien**.

  Activez l'option **Éditer maintenant** pour ouvrir le nouveau document immédiatement après la création du lien ; pour modifier le document ultérieurement, activez l'option **Éditer plus tard**.

  Dans la zone **Fichier**, spécifiez l'adresse complète du nouveau document (emplacement et nom) ; vous pouvez utiliser le bouton pour sélectionner l'emplacement du document.

  Sélectionnez le **Type de fichier** dans la liste correspondante.

  L'hyperlien devant être inséré sous forme de **Texte**, veillez à ce que l'option correspondante soit sélectionnée dans la liste **Formulaire**.

  *Un hyperlien est inséré sous forme de **Bouton** dans un formulaire uniquement.*

  Dans la zone de saisie **Texte**, saisissez ou modifiez, si besoin est, le texte que vous souhaitez attribuer à l'hyperlien ; si vous avez sélectionné un texte dans votre feuille de calcul, celui-ci apparaît dans cette zone.

  *Si vous ne renseignez pas la zone **Texte**, Calc affichera par défaut l'adresse complète du nouveau document.*

  Cliquez sur le bouton **Appliquer** pour créer l'hyperlien dans votre feuille de calcul.

  Cliquez sur le bouton **Fermer** pour fermer la boîte de dialogue.

- Si vous avez activé l'option **Éditer maintenant**, le nouveau document s'ouvre vous permettant ainsi de le modifier.

Le bouton **Mail & News** de la boîte de dialogue **Hyperlien** permet de créer des hyperliens faisant référence à des adresses e-mail ou des groupes de news (forums).

Créer un lien vers un nouveau fichier

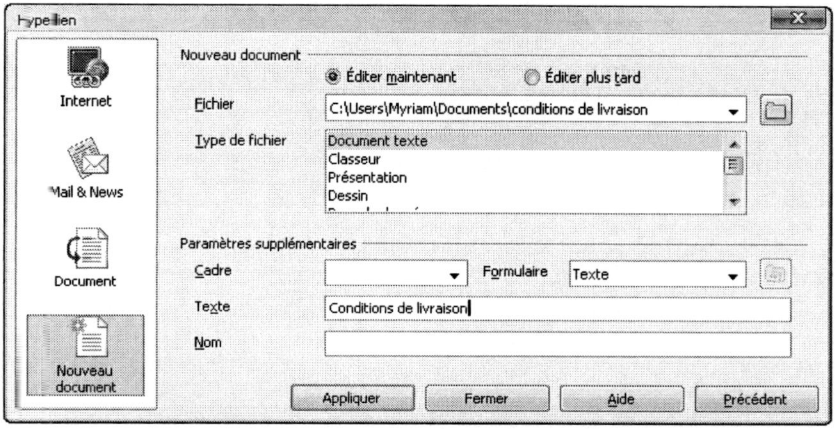

Ici, l'hyperlien fait référence au nouveau document **conditions de livraison** de type texte.

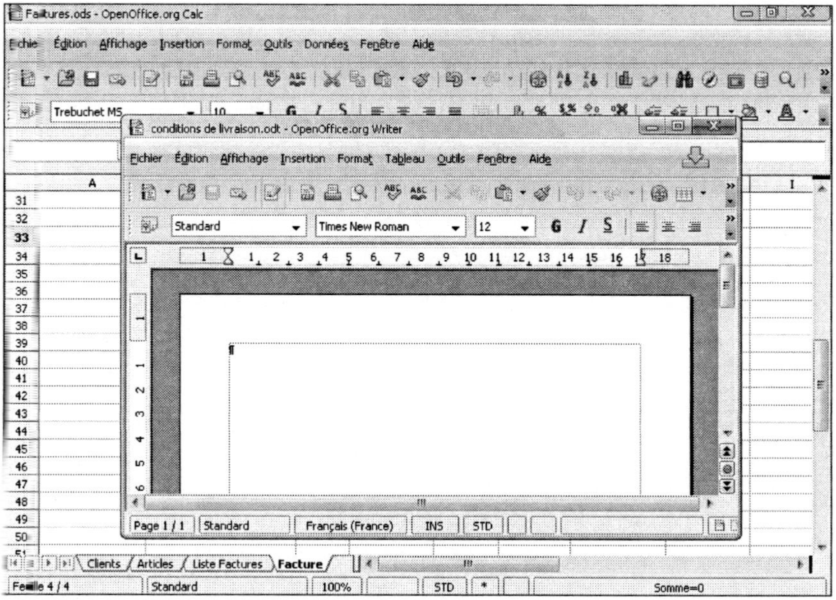

Ici, le nouveau document Writer s'affiche à l'écran. Le classeur contenant l'hyperlien est visible en arrière-plan.

© Editions ENI - Toute reproduction interdite

Gérer les hyperliens

Pour activer un hyperlien, pointez le lien concerné.

Le pointeur prend la forme d'une main et le chemin du fichier correspondant apparaît dans une info-bulle.

Cliquez sur le lien.

Pour modifier un hyperlien, cliquez dans un espace vide de la cellule contenant l'hyperlien (si l'hyperlien prend tout l'espace de la cellule, cliquez sur un bord de la cellule) puis cliquez sur l'outil pour afficher la boîte de dialogue **Hyperlien**.

Modifiez les paramètres de l'hyperlien puis cliquez sur les boutons **Appliquer** puis **Fermer**.

Pour supprimer un hyperlien, cliquez dans un espace vide de la cellule contenant l'hyperlien puis appuyez sur la touche ⟵.

Pour modifier un hyperlien, vous pouvez aussi utiliser la barre d'outils **Barre d'hyperliens** (**Affichage - Barres d'outils - Barre d'hyperliens**).

Désactiver la conversion des adresses en lien

Cette fonctionnalité permet de ne pas transformer une adresse e-mail en lien hypertexte. L'adresse est considérée comme un texte ordinaire, Calc ne lui affecte pas la couleur bleue.

Outils - AutoCorrection

Cliquez sur l'onglet **Options**.

Décochez l'option **Détecter les URL**.

Cliquez sur le bouton **OK**.

Gérer les hyperliens

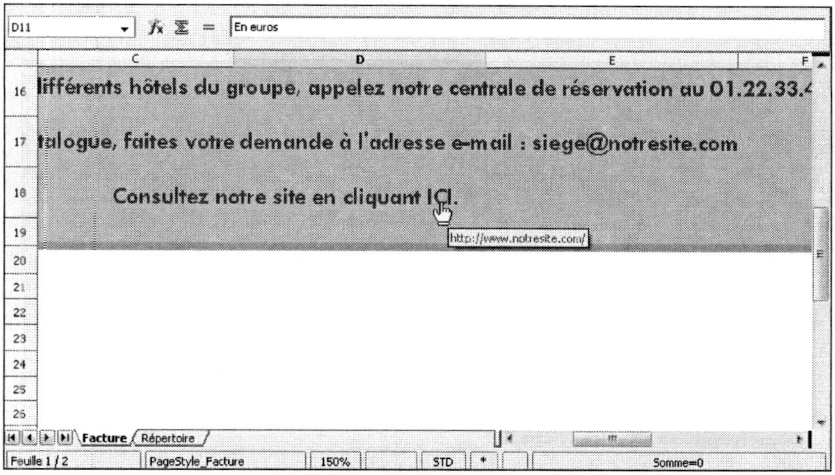

Ici, l'hyperlien pointe vers une adresse Internet.

Désactiver la conversion des adresses en lien

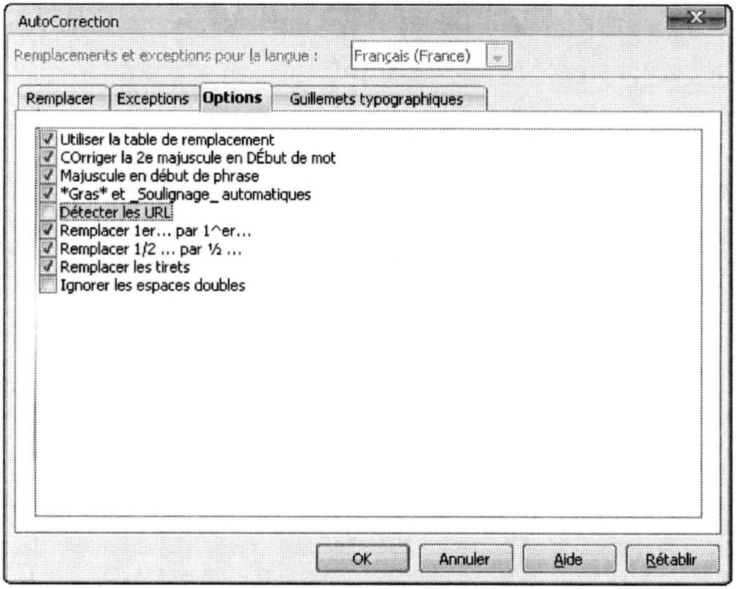

L'option **Détecter les URL** est cochée par défaut.

© Editions ENI - Toute reproduction interdite

Nommer des plages de cellules

Première méthode

Vous pouvez faire référence à une plage de cellules par l'intermédiaire de son nom pour la sélectionner ou l'utiliser dans des formules.

Sélectionnez la ou les cellules qui doivent porter un même nom.

Insertion - Noms - Définir ou Ctrl F3

Saisissez le **Nom** de la plage de cellules.

Le bouton permet de réduire la boîte de dialogue afin de modifier la plage de cellules associée au nom.

Cliquez sur le bouton **Ajouter**.

Définissez de la même façon d'autres noms de cellules.

Cliquez sur le bouton **OK**.

*Le nom de la plage de cellules sélectionnée est visible dans la **Zone de nom** visible à gauche de la barre de formule.*

Pour nommer la plage de cellules sélectionnée, vous pouvez aussi sélectionner le contenu de la **Zone de nom** visible à gauche de la barre de formule, saisir le nom de la nouvelle plage puis appuyer sur la touche Entrée.

Deuxième méthode

Cette méthode suppose que les noms à attribuer existent dans la feuille de calcul, comme titres des colonnes ou libellés des lignes de la plage de cellules à nommer.

Sélectionnez les cellules qui contiennent les noms à attribuer et les cellules à nommer.

Insertion - Noms - Créer

Cochez les options correspondant aux cellules qui contiennent les noms à attribuer.

Cliquez sur le bouton **OK**.

Les traits d'union et les espaces sont convertis en traits de soulignement.

Nommer des plages de cellules

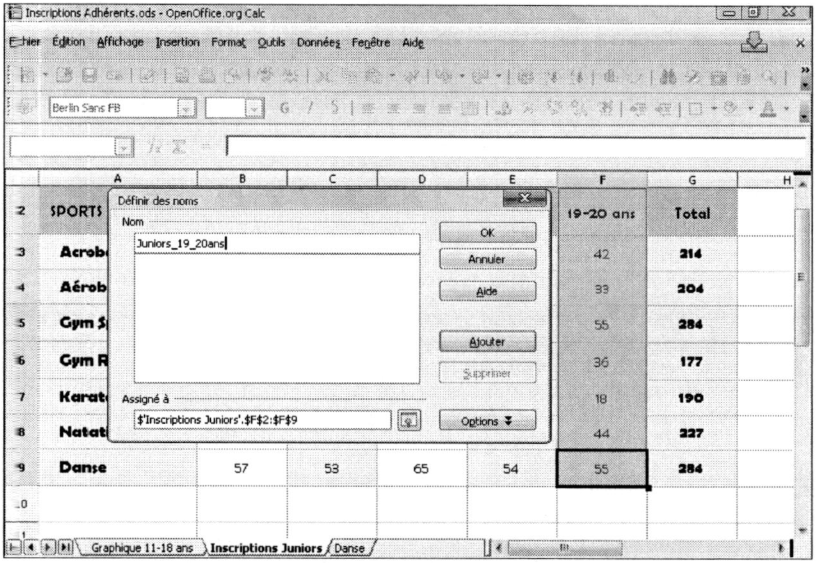

Les espaces, traits d'union, opérateurs et signes de ponctuation sont interdits dans les noms.

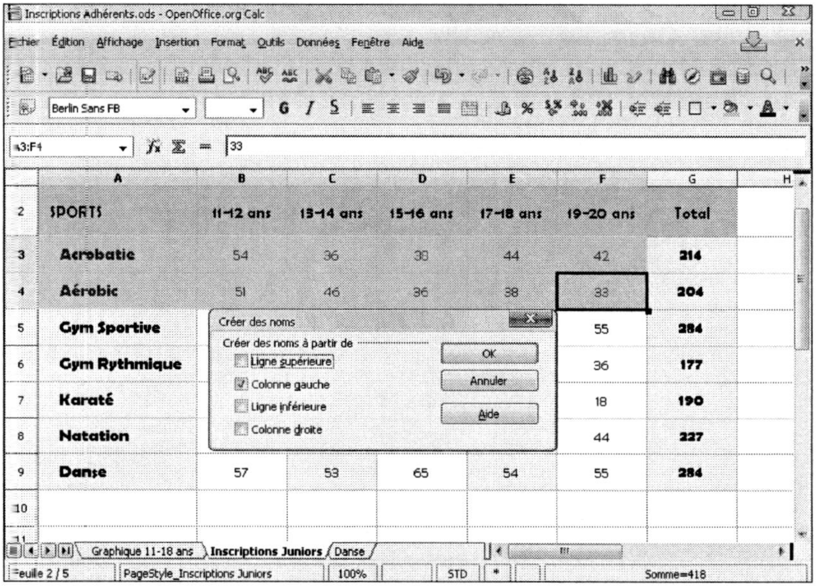

Ici, les plages de cellules **Acrobatie** et **Aérobic** vont être créées.

© Editions ENI - Toute reproduction interdite

Nommer une formule de calcul ou une constante

Nommer une formule de calcul peut s'avérer utile lorsque la formule est longue et complexe (imbrication de fonctions, par exemple) et que vous souhaitez l'utiliser dans d'autres formules du classeur.

Vous pouvez également attribuer un nom à une valeur numérique afin de pouvoir ensuite utiliser ce nom dans une formule de calcul sans que cette valeur apparaisse dans une cellule. Par exemple, si, dans un classeur, vous devez effectuer régulièrement des calculs faisant référence au taux de TVA en cours, vous assignerez la valeur 0,196 au nom TVA ; dans votre classeur, il vous suffira d'effectuer le calcul en saisissant le nom TVA à la place de la valeur (cf. Utiliser un nom dans une formule dans ce chapitre).

Aucune sélection préalable n'est nécessaire si le nom à créer doit faire référence à une valeur ou à une formule de calcul dont les références de cellules seront en valeurs absolues. Dans le cas contraire, sélectionnez la cellule dans laquelle vous utiliserez le nom.

Insertion - Noms - Définir ou Ctrl F3

Saisissez le **Nom** que vous souhaitez attribuer dans la zone correspondante.

Dans la zone **Assigné à**, sélectionnez et supprimez le contenu en appuyant sur la touche Supp puis saisissez la formule de calcul ou la valeur numérique sans les faire précéder du signe =. Si la formule de calcul doit faire référence à des cellules, saisissez-les en valeurs relatives ou absolues.

- Cliquez sur le bouton **Ajouter**.

  Définissez de la même façon d'autres noms.

- Cliquez sur bouton **OK**.

Nommer une formule de calcul ou une constante

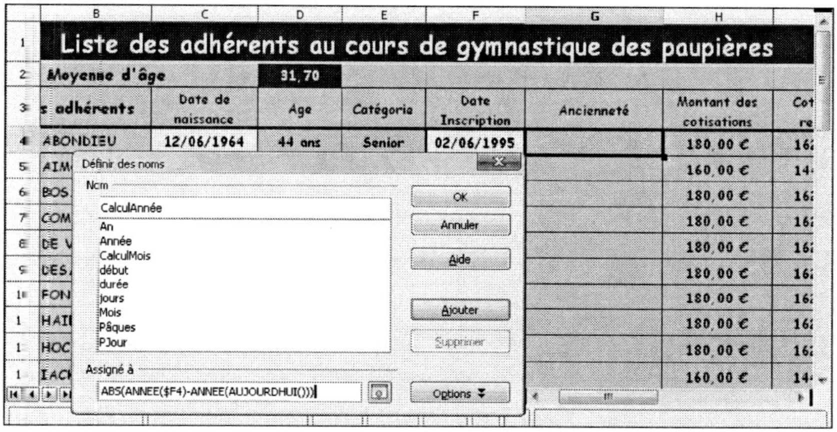

Sur cet exemple, **CalculAnnée** est associé à la formule de calcul qui permet d'obtenir le nombre d'années entre la date située en cellule E4 et la date du jour.

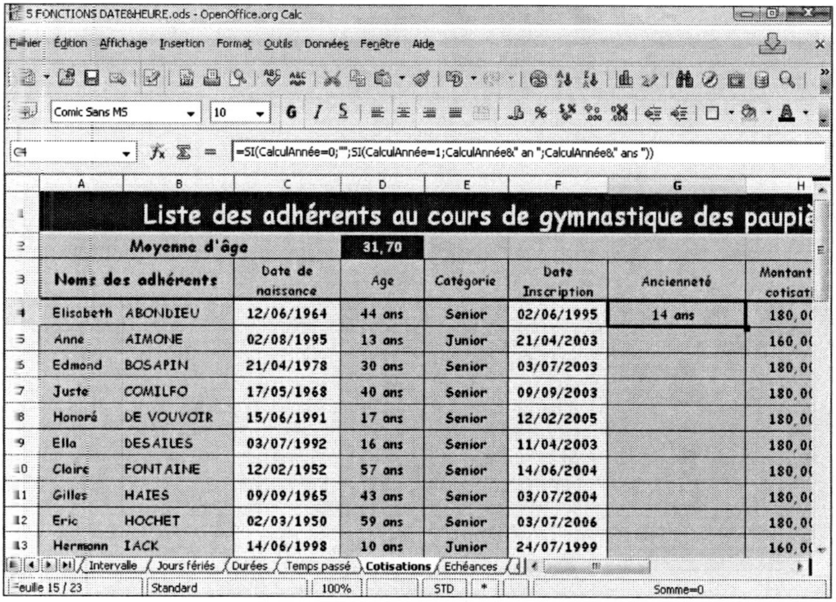

Ici, la fonction conditionnelle utilise la formule de calcul **CalculAnnée**.

© Editions ENI - Toute reproduction interdite

Sélectionner une plage de cellules en utilisant son nom

Première méthode

Ouvrez la liste **Zone de nom** située à gauche de la barre de formule.

Calc affiche tous les noms des zones nommées du classeur.

Cliquez sur le nom de la plage de cellules à sélectionner.

Deuxième méthode

Affichez la fenêtre du Navigateur en utilisant la commande **Edition - Navigateur** ou sur l'outil ou la touche F5.

Si le contenu du Navigateur n'est pas visible, affichez-le en cliquant sur le bouton.

Si plusieurs classeurs sont ouverts dans votre application Calc et que le classeur actif n'est pas celui contenant la plage de cellules nommée, ouvrez la liste des documents visible en bas de la fenêtre du Navigateur puis sélectionnez le classeur concerné.

Développez la catégorie **Noms de plage** en cliquant sur le bouton ⊞ qui précède son nom.

Faites un double clic sur le nom de la plage à atteindre.

Selectionner une plage de cellules en utilisant son nom

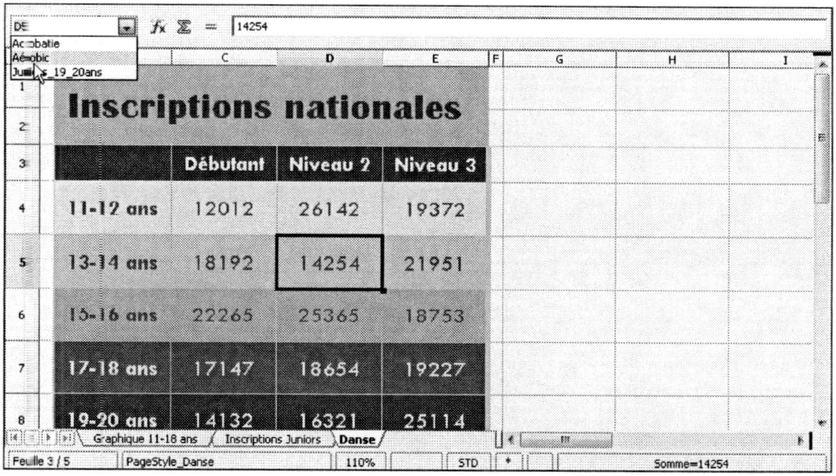

Ici, la plage de cellules nommée **Aérobic** de la feuille **Inscriptions Juniors** va être sélectionnée.

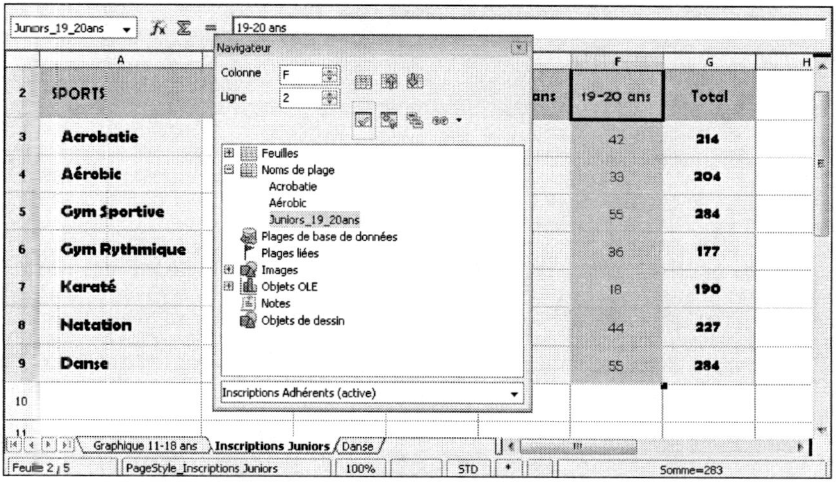

Après avoir cliqué sur la plage de cellules nommée **Juniors_19_20ans**, Calc a automatiquement sélectionné la plage de cellules correspondante.

© Editions ENI - Toute reproduction interdite

Utiliser un nom dans une formule

Cette fonctionnalité permet de remplacer dans un argument par exemple, une référence de plages de cellules, par la zone nommée correspondante.

Pour utiliser un nom en cours de saisie d'une formule, saisissez le nom à la place des références de cellules. Exemple : la formule =SOMME(quantités) calcule la somme des cellules appartenant à la zone nommée "quantités".

Pour insérer un nom, saisissez la formule et arrêtez-vous lorsque vous avez besoin du nom.

Insertion - Noms - Insérer

Faites un double clic sur le nom que vous souhaitez utiliser.

Terminez la formule.

Modifier la plage de cellules associée à un nom

Insertion - Noms - Définir ou Ctrl F3

Sélectionnez le nom de la plage de cellules à modifier.

Cliquez sur le bouton pour réduire la boîte de dialogue **Définir des noms**.

Sélectionnez la nouvelle plage de cellules à l'aide d'un cliqué-glissé.

Cliquez sur le bouton pour afficher de nouveau la boîte de dialogue **Définir des noms**.

Cliquez sur le bouton **Modifier** puis sur le bouton **OK**.

Utiliser un nom dans une formule

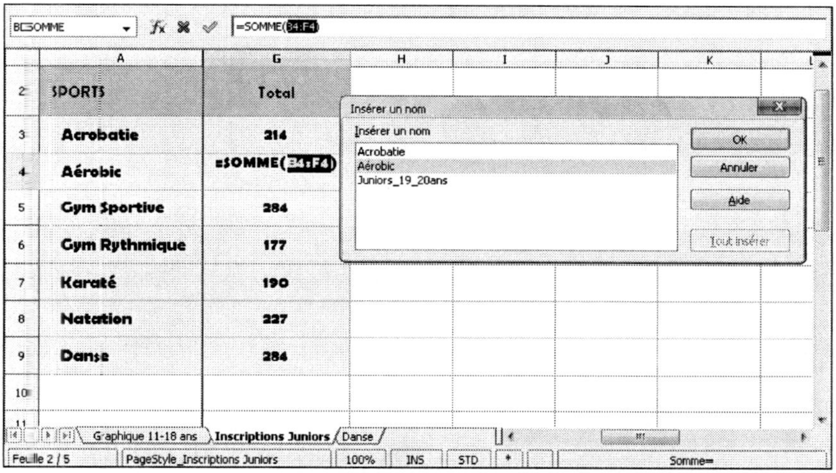

Le nom **Aérobic** va apparaître dans la formule de la cellule **G4**.

Modifier la plage de cellules associée à un nom

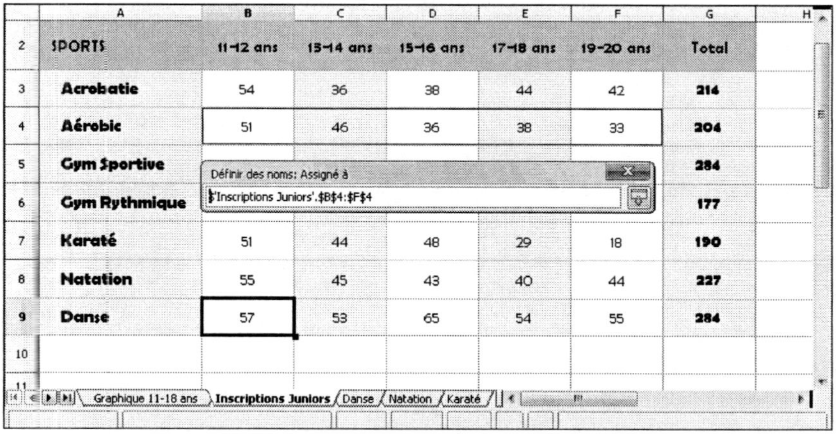

La taille de la boîte de dialogue **Définir des noms** est réduite permettant ainsi de sélectionner aisément la nouvelle plage de cellules.

© Editions ENI - Toute reproduction interdite

Supprimer un nom

Accédez à la boîte de dialogue **Définir des noms** par la commande **Insertion - Noms - Définir** ou Ctrl F3.

Sélectionnez le nom à supprimer.

Cliquez sur le bouton **Supprimer**.

Cliquez sur le bouton **Oui** pour confirmer la suppression.

Cliquez sur le bouton **OK** pour refermer la boîte de dialogue **Définir des noms**.

Afficher la liste des noms et des références de cellules associées

Cette technique permet d'afficher dans une feuille de calcul, la liste de tous les noms du classeur dans une première colonne et les références de cellules dans la colonne suivante.

Activez la cellule à partir de laquelle vous désirez faire apparaître la liste des noms.

Insertion - Noms - Insérer

Cliquez sur le bouton **Tout insérer**.

Supprimer un nom

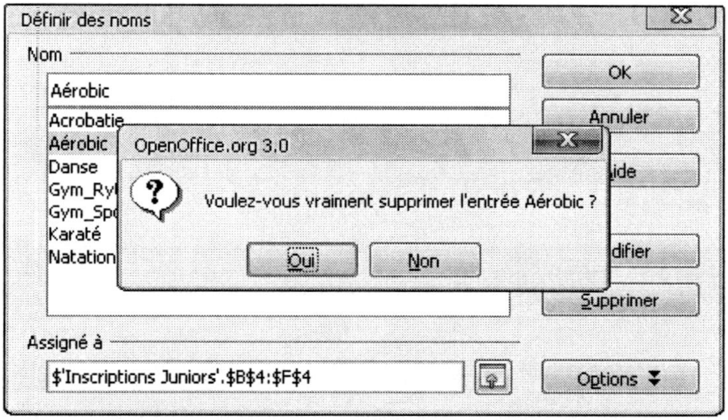

La plage de cellules concernée est encadrée d'une bordure bleue dans la feuille de calcul.

Afficher la liste des noms et des références de cellules associées

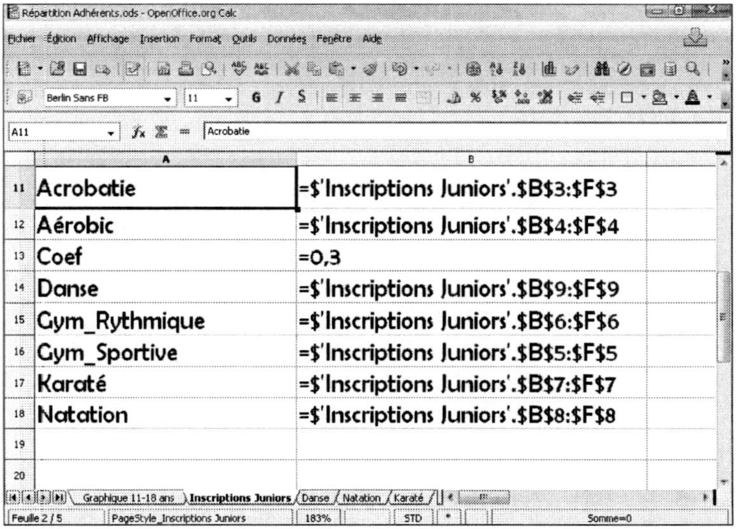

Tous les noms existant dans le classeur sont désormais visibles dans la feuille de calcul.

© Editions ENI - Toute reproduction interdite

Créer un format personnalisé

Sélectionnez les cellules concernées par ce format.

Format - Cellules

Cliquez sur l'onglet **Nombres**.

Sélectionnez l'option **Défini par l'utilisateur** dans la zone de liste **Catégorie**, puis saisissez ou complétez le format personnalisé dans la zone Description de format.

Un format personnalisé peut comporter jusqu'à trois parties séparées par un point-virgule. La première partie s'applique aux valeurs positives, la seconde aux valeurs négatives et la troisième à la valeur zéro.

Il est possible de définir une seule section, dans ce cas, elle est utilisée pour tous les nombres.

Rappelons que pour créer votre format personnalisé, vous pouvez utiliser les syntaxes suivantes :

Pour ajouter du texte dans un format personnalisé : du texte ajouté à un format doit obligatoirement être saisi entre guillemets. Faites attention à ne pas laisser d'espace avant le guillemet car, dans ce cas, Calc interpréterait cet espace comme une demande de division par 1000.

Pour un format numérique personnalisé : *# ## : affiche un espace entre les milliers et les centaines.*
Ex. # ##0,00" HT" : la saisie 2415 affiche 2 415,00 HT

Pour personnaliser un format de date : Pour les jours, utilisez les codes : **J** (1) - **JJ** (01) - **NN** (sam) - **NNN** (samedi)

Pour les mois, utilisez les codes : **M** (1) - **MM** (01) - **MMM** (jan) - **MMMM** (janvier)

Pour les années, utilisez les codes : **AA** (05) - **AAAA** (2005)

Utilisez le caractère de votre choix comme séparateur.
Ex. *"Le "JJJ JJ MMM AAAA* : la saisie *25/04/05* affiche *Le dim 24 avr 2005.*

Si la saisie contient du texte : Utilisez le caractère @ pour indiquer le texte saisi.
Ex. *"Région : "@* : la saisie *Sud* affiche *Région : Sud*

Pour appliquer une couleur, saisissez le nom de la couleur en anglais et entre crochets avant le format du nombre concerné. Par exemple, le format : [BLUE] # ##O;[RED]-# ##O affichera les valeurs positives en bleu et les valeurs négatives en rouge.

Toutes les couleurs ne sont pas reconnues par Calc.

Créer un format personnalisé

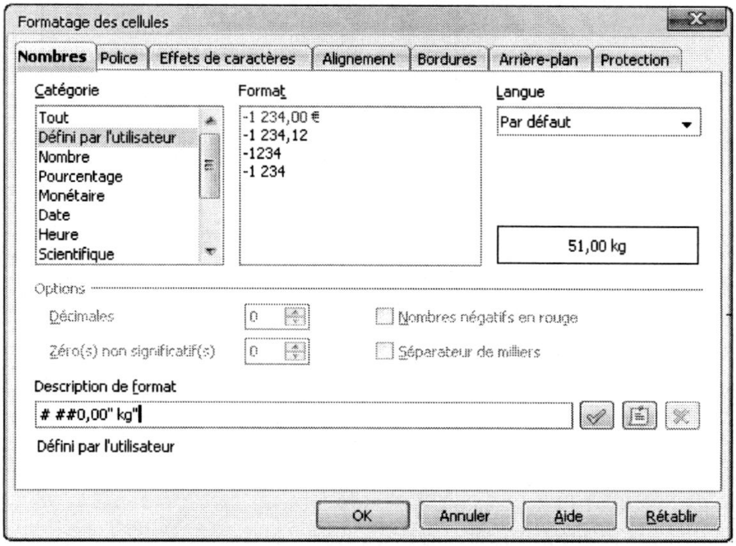

Cet exemple affiche les valeurs avec deux décimales suivies du texte kg ; aucun format particulier n'est défini pour les valeurs négatives et la valeur zéro.

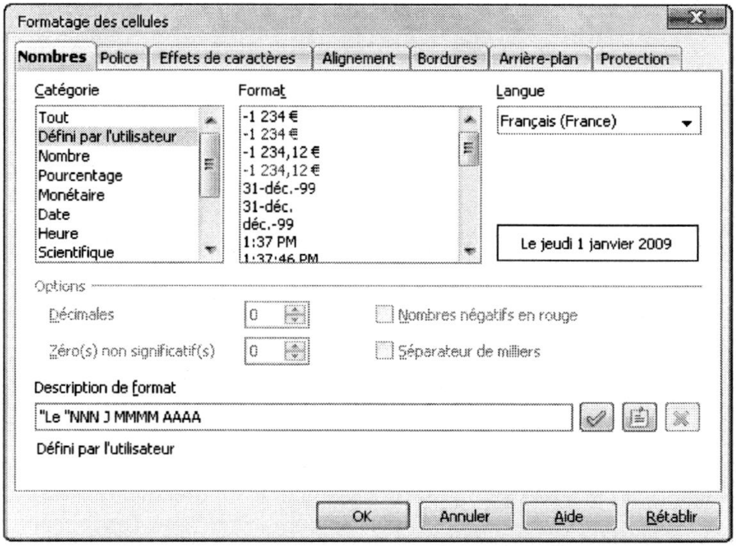

Un exemple du format défini dans la zone **Description de format** est présenté dans le cadre visible sous la liste **Langue**.

© Editions ENI - Toute reproduction interdite

- Pour définir un format différent en fonction de la valeur, saisissez, entre crochets, la condition composée d'un opérateur de comparaison suivi de la valeur de comparaison puis saisissez le format à appliquer.

  Vous pouvez saisir jusqu'à deux conditions différentes.

  Séparez chaque condition et format d'un point-virgule.

- Pour modifier le commentaire du format personnalisé, cliquez sur le bouton puis saisissez un nouveau commentaire dans la zone de saisie située sous la zone **Description de format**.

  Ajoutez le nouveau format personnalisé en cliquant sur le bouton .

  Validez par le bouton **OK**.

Vous pouvez supprimer un format personnalisé. Pour cela, sélectionnez-le dans la catégorie **Défini par l'utilisateur** de la boîte de dialogue **Formatage des cellules** (**Format - Cellules** - onglet **Nombres**) puis cliquez sur le bouton .

Les formats personnalisés sont disponibles uniquement pour le classeur actif.

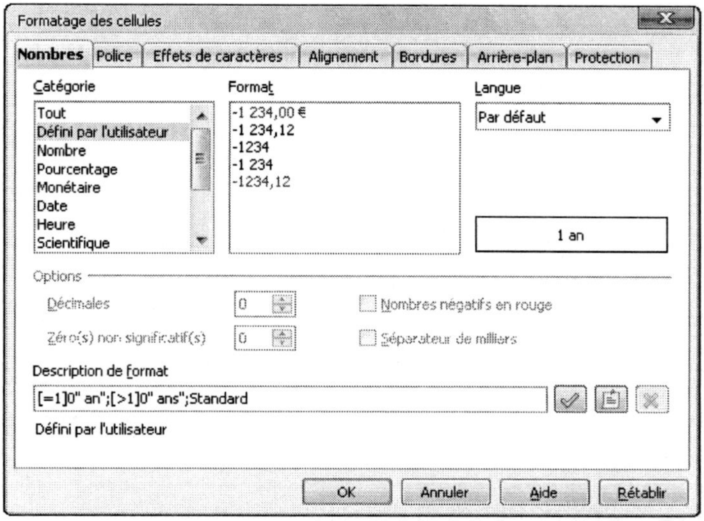

Sur cet exemple : si la valeur est égale à 1, le format affichera **an** à la suite du nombre, si elle est supérieure à 1, le nombre sera suivi du texte **ans**, et, dans le cas où la valeur n'est ni égale, ni supérieure à 1, c'est le format **Standard** qui sera appliqué.

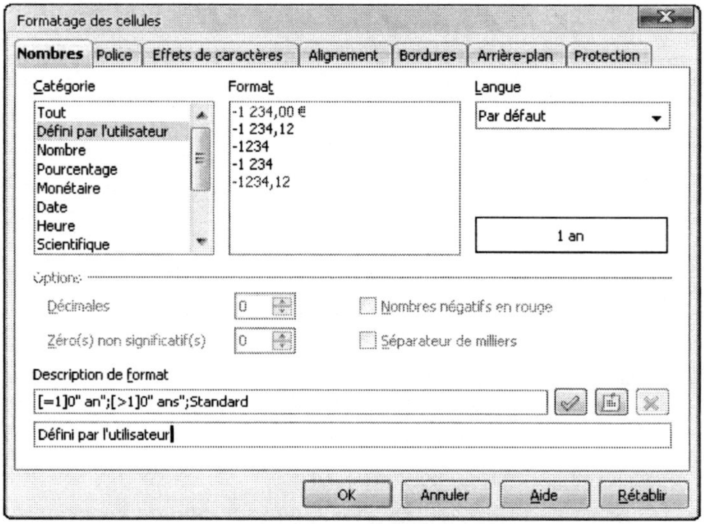

Par défaut, le commentaire **Défini par l'utilisateur** est associé à chaque format personnalisé que vous créez.

© Editions ENI - Toute reproduction interdite

Masquer des contenus de cellule

Sélectionnez les cellules concernées.

Format - Cellules

Cliquez sur l'onglet **Nombres**.

Au besoin, sélectionnez l'option **Défini par l'utilisateur** dans la liste **Catégorie**.

Cliquez dans la zone **Description de format** puis tapez **;;;** (trois points-virgules).

Cliquez sur le bouton .

Cliquez sur le bouton **OK**.

Pour faire réapparaître le contenu de ces cellules, appliquez-leur un autre format.

Afficher/masquer les valeurs zéro

Par défaut, vous visualisez les zéros contenus dans les cellules de votre classeur. Cependant, vous pouvez choisir de ne plus les visualiser pour toutes les feuilles de calcul ou uniquement pour certaines cellules.

Sélectionnez les cellules contenant des zéros à masquer.

Format - Cellules

Cliquez sur l'onglet **Nombres**.

Supprimez le contenu de la zone de saisie **Description de format**.

Saisissez le caractère **#** (dièse).

Cliquez sur le bouton **OK**.

Pour afficher/masquer les valeurs zéro pour le classeur actif, ouvrez le classeur concerné puis utilisez la commande **Outils - Options**.

Développez la catégorie **OpenOffice.org Calc** puis sélectionnez la catégorie **Affichage**.

Cochez (pour afficher) ou décochez (pour masquer) l'option **Valeurs zéro** visible dans la zone **Afficher** puis cliquez sur le bouton **OK**.

Le classeur actif ainsi que tous les nouveaux classeurs créés par la suite tiendront compte de votre choix. En revanche, les classeurs existants ne seront pas modifiés.

Pour faire réapparaître les zéros, appliquez aux cellules concernées un autre format ou supprimez le caractère # (dièse) visible dans la zone **Description de format** de la boîte de dialogue **Formatage des cellules**.

Masquer des contenus de cellule

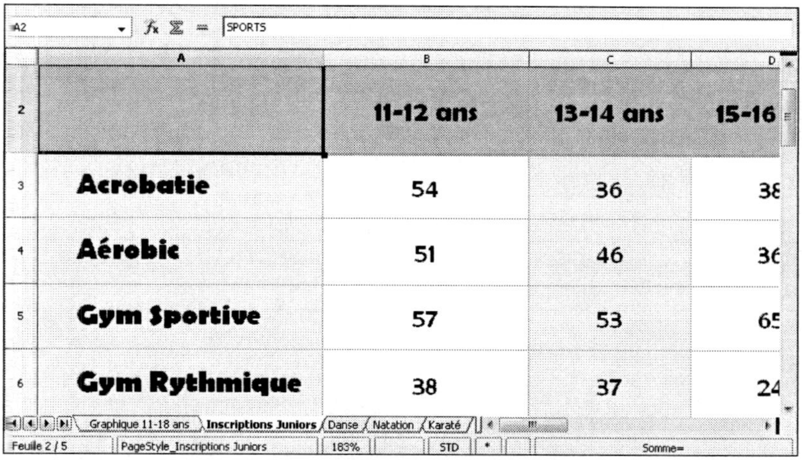

Le contenu d'une cellule masquée (A2 sur notre exemple) est toujours visible dans la barre de formule.

Afficher/masquer les valeurs zéro

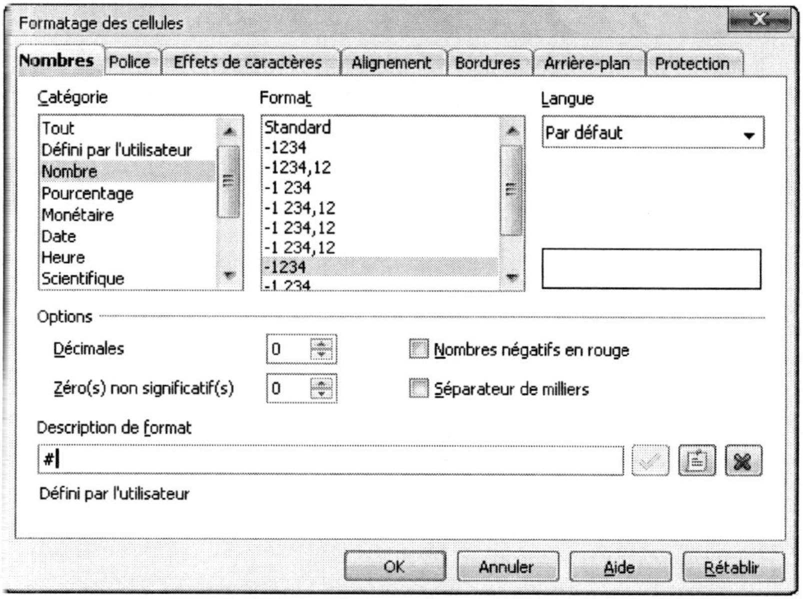

Le format # est stocké dans la catégorie **Nombre** et peut être utilisé dans toutes les feuilles du classeur actif.

© Editions ENI - Toute reproduction interdite

Créer des formats conditionnels

Vous pouvez, pour certaines cellules, définir des styles de format selon certaines conditions. Par exemple, vous pouvez appliquer le style Résultat uniquement aux cellules d'un tableau contenant un chiffre supérieur à 1000.

Sélectionnez les cellules concernées.

Format - Formatage conditionnel

Laissez l'option **Condition 1** cochée puis sélectionnez l'option **Valeur est** si la condition porte sur la valeur contenue dans les cellules (constante ou résultat de formule) ou **Formule est** si la condition porte sur une formule logique.

Si la condition porte sur la valeur de la cellule, sélectionnez ensuite un opérateur de comparaison puis une valeur de comparaison.

Si la condition porte sur une formule, commencez la saisie par le signe égal (=) puis précisez la formule logique (le résultat de ce type de formule est VRAI ou FAUX).

Ouvrez la liste **Style de cellule** puis sélectionnez le nom du style à appliquer aux cellules si la condition spécifiée est vérifiée.

Pour définir d'autres formats à appliquer selon d'autres conditions (en particulier, pour définir un format si la condition précédente n'est pas vérifiée), cochez l'option **Condition 2** puis définissez de la même façon un autre format conditionnel.

Cliquez sur le bouton **OK**.

Le format des cellules se modifie alors automatiquement selon le contenu de la cellule.

Pour supprimer une condition, sélectionnez les cellules concernées, utilisez la commande **Format - Formatage conditionnel** puis décochez l'option correspondant à la condition à supprimer : **Condition 1**, **Condition 2** ou **Condition 3**.

Cliquez sur le bouton **OK**.

Créer des formats conditionnels

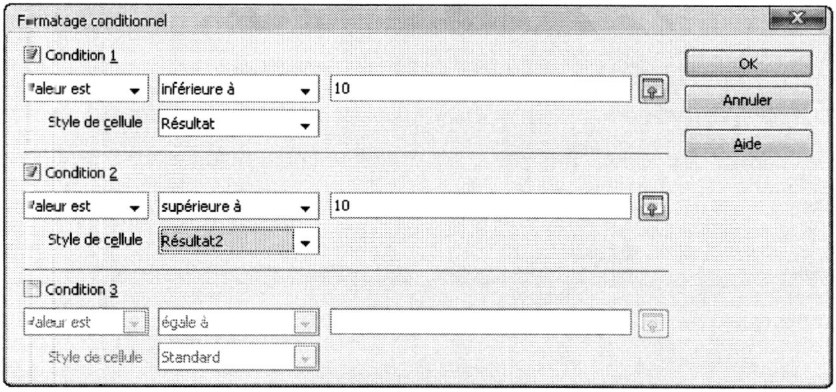

Trois conditions au maximum peuvent être posées.

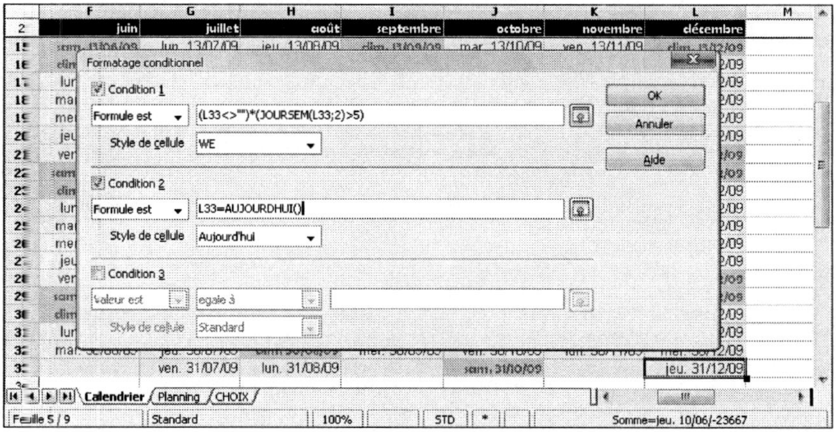

Sur cet exemple, les dates du calendrier sélectionnées s'afficheront sur fond gris (style **WE**) s'il s'agit d'un samedi ou d'un dimanche et la date du jour s'affichera en rouge (style **Aujourd'hui**).

© Editions ENI - Toute reproduction interdite

Paramétrer l'AutoCorrection de texte

Lorsque l'AutoCorrection est activée, OpenOffice remplace automatiquement chaque mot mal orthographié par le mot corrigé. Cette fonction est basée sur une table de remplacement dans laquelle figurent les mots mal orthographiés et les mots corrigés. Par exemple, dans la table de remplacement par défaut, nous pouvons voir que le mot anotation sera automatiquement remplacé par le mot annotation.

Pour activer/désactiver l'AutoCorrection, utilisez la commande **Outils - AutoCorrection** puis cliquez sur l'onglet **Options**.

Cochez ou décochez l'option **Utiliser la table de remplacement** puis cliquez sur le bouton **OK**.

Pour créer des combinaisons d'AutoCorrection, sélectionnez éventuellement la cellule contenant le texte correctement orthographié si celui-ci est déjà saisi dans votre classeur.

Si une mise en forme est appliquée au contenu de la cellule sélectionné, celle-ci ne sera pas conservée lors de la création de l'AutoCorrection.

Outils - AutoCorrection - onglet **Remplacer**

Saisissez le mot mal orthographié ou l'abréviation qui doit être remplacé dans la zone de saisie **Remplacer**.

Saisissez la bonne orthographe dans la zone de saisie **Par** ; cette zone est déjà remplie si la cellule contenant le texte correctement orthographié a été sélectionnée auparavant dans le classeur..

Cliquez sur le bouton **Nouveau**.

Créez ainsi vos combinaisons d'AutoCorrection.

Cliquez sur le bouton **OK** de la boîte de dialogue **AutoCorrection**.

Le bouton **Rétablir** de la boîte de dialogue **AutoCorrection** (**Outils - AutoCorrection** - onglet **Remplacer**) permet d'annuler toutes les modifications apportées à l'onglet actif et ainsi retrouver les options spécifiées à l'ouverture de la boîte de dialogue.

Pour supprimer une combinaison, sélectionnez-la dans la liste de la boîte de dialogue **AutoCorrection** (**Outils - Options** - onglet **Remplacer**) puis cliquez sur le bouton **Supprimer**.

Paramétrer l'AutoCorrection de texte

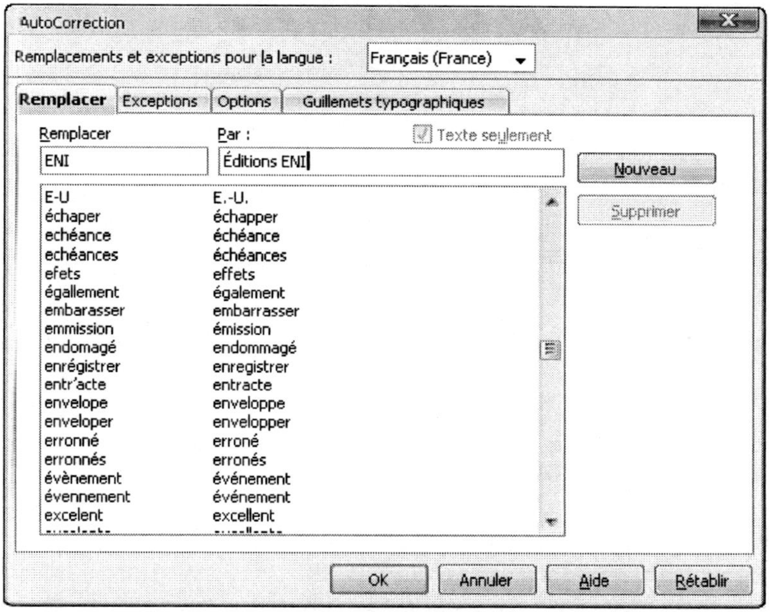

L'option **Texte seulement** est indisponible dans l'application Calc.

© Editions ENI - Toute reproduction interdite

Personnaliser une barre d'outils

Si la barre d'outils concernée est enregistrée dans un classeur spécifique, ouvrez ce classeur.

Par défaut les barres d'outils sont enregistrées dans l'application Calc et sont donc disponibles dans tous les classeurs.

Outils - Personnaliser

Cliquez sur l'onglet **Barres d'outils**.

Si la barre d'outils concernée par la personnalisation a été enregistrée uniquement dans un des classeurs ouverts, ouvrez la liste **Enregistrer dans** puis sélectionnez le nom de ce classeur : les noms des barres d'outils contenues dans ce classeur apparaissent désormais dans la liste **Barre d'outils** ; l'option **OpenOffice.org Calc**, qui est l'option sélectionnée par défaut, regroupe les barres d'outils disponibles pour tous les classeurs de l'application Calc.

Ouvrez la liste **Barre d'outils** puis cliquez sur le nom de la barre d'outils concernée par la personnalisation.

Pour supprimer un outil, sélectionnez-le, dans la zone de liste **Commandes** ; si vous souhaitez supprimer un trait de séparateur de groupe, sélectionnez le trait concerné.

Cliquez sur le bouton **Modifier** puis sur l'option **Supprimer**.

Pour déplacer un outil, sélectionnez-le dans la zone de liste Commandes puis cliquez, selon votre choix et autant de fois que nécessaire, sur le bouton ⬆ ou ⬇.

Pour renommer un outil, sélectionnez-le dans la zone de liste **Commandes**, cliquez sur le bouton **Modifier** puis sur l'option **Renommer**.

Saisissez le nouveau nom dans la zone de saisie puis cliquez sur le bouton **OK**.

*L'option **Rétablir la commande par défaut** du bouton **Modifier** permet d'associer de nouveau le nom ainsi que l'image par défaut à l'outil sélectionné.*

Pour ajouter un outil, sélectionnez, dans la zone de liste **Commandes**, l'outil en dessous duquel vous souhaitez ajouter le nouvel outil ; pour insérer un outil sous un trait de séparateur de groupe, sélectionnez le trait concerné.

Cliquez sur le bouton **Ajouter**.

Sélectionnez la **Catégorie** contenant l'outil à ajouter dans la liste correspondante.

Sélectionnez la commande correspondant à l'outil à ajouter dans la liste **Commandes**.

Cliquez sur le bouton **Ajouter**.

Ajoutez, éventuellement, un ou plusieurs autres outils puis cliquez sur le bouton **Fermer**.

Personnaliser une barre d'outils

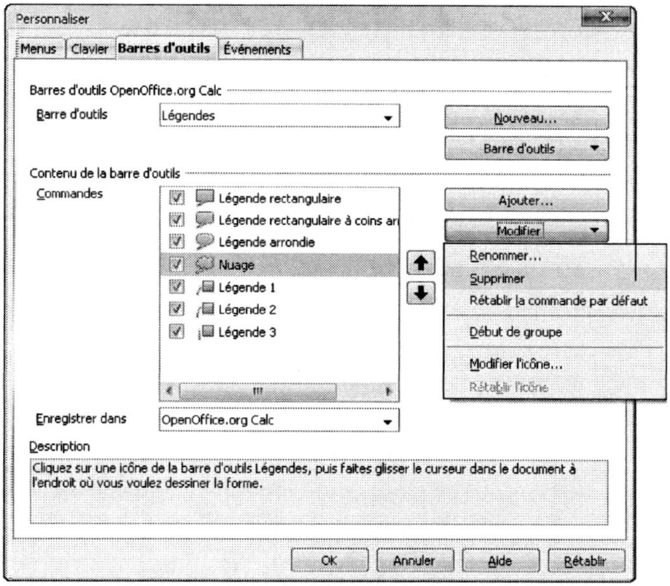

Aucune confirmation n'est demandée lors de la suppression d'un outil.

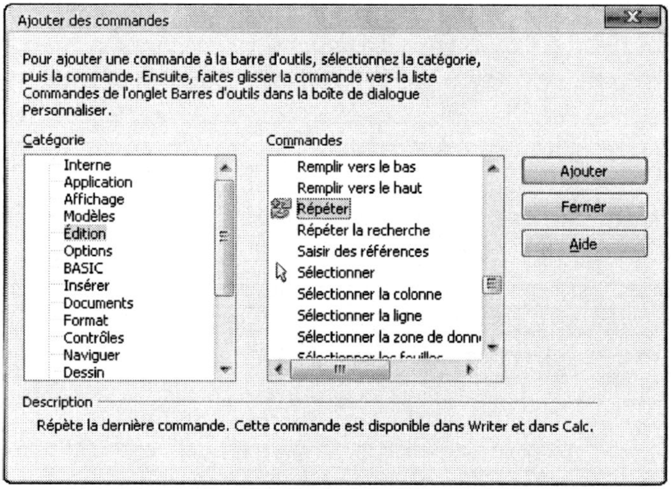

Un descriptif de la commande sélectionnée est visible dans la partie inférieure de la boîte de dialogue.

© Editions ENI - Toute reproduction interdite

*Un nouvel outil est désormais visible dans la zone de liste **Commandes**.*

Pour afficher ou masquer un outil, cochez ou décochez la case située à gauche de la commande correspondante dans la zone de liste **Commandes**.

Pour modifier l'icône d'un outil, sélectionnez-le dans la zone de liste **Commandes**, cliquez sur le bouton **Modifier** puis sur l'option **Modifier l'icône**.

Cliquez sur l'image souhaitée dans la zone **Icônes** puis cliquez sur le bouton **OK**.

Pour définir les options d'affichage des outils, cliquez sur le bouton **Barre d'outils** puis cliquez, en fonction de l'affichage souhaité, sur l'option **Icônes seules**, **Texte seulement** ou **Icônes et texte**.

Vous visualisez directement le résultat dans la fenêtre Calc si la barre d'outils concernée est affichée dans celle-ci.

Pour quitter la personnalisation des barres d'outils, cliquez sur le bouton **OK**.

Pour ajouter un trait de séparateur de groupe, sélectionnez la commande en dessous de laquelle vous souhaitez insérer le trait de séparateur, cliquez sur le bouton **Modifier** puis sur l'option **Début de groupe**.

Pour retrouver l'original d'une barre d'outils modifiée, sélectionnez le nom de cette barre dans la liste **Barre d'outils** de la boîte de dialogue **Personnaliser** (**Outils - Personnaliser** - onglet **Barres d'outils**), cliquez sur le bouton **Barre d'outils** puis cliquez sur l'option **Rétablir les paramètres par défaut**. Cliquez ensuite sur le bouton **Oui** du message vous proposant de rétablir la barre d'outils d'origine ; cette option n'est pas disponible pour les barres d'outils que vous avez créées.

Le bouton **Rétablir** de la boîte de dialogue **Personnaliser** (**Outils - Personnaliser** - onglet **Barres d'outils**) permet de retrouver l'original de toutes les barres d'outils de l'application Calc.

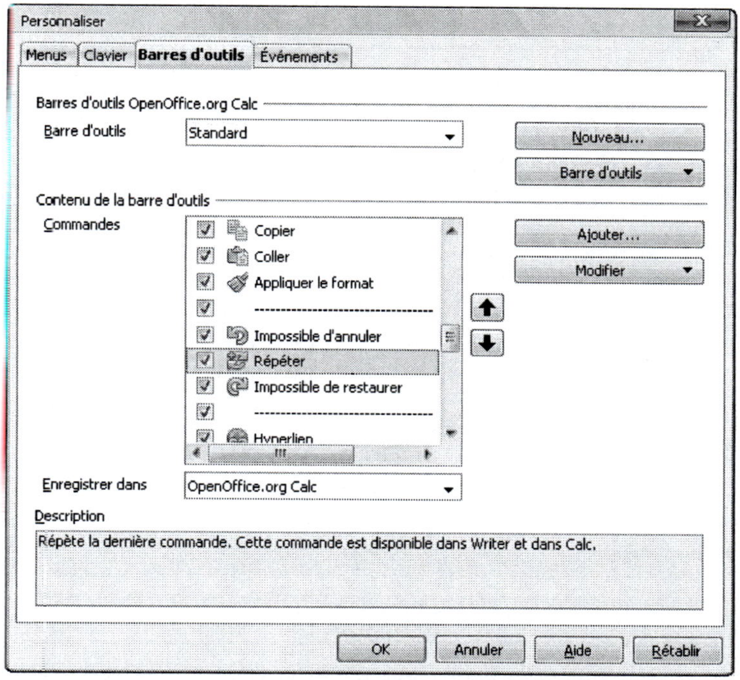

L'outil **Répéter** est ajouté à la barre d'outils standard, entre les outils **Impossible d'annuler** et **Impossible de restaurer**.

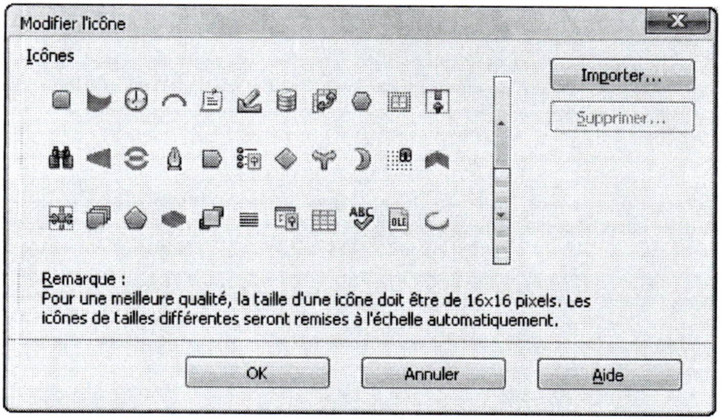

L'option **Importer** permet d'importer de nouvelles images.

© Editions ENI - Toute reproduction interdite

Créer/supprimer une barre d'outils personnalisée

Si vous souhaitez créer une barre d'outils dans un classeur spécifique, ouvrez ce classeur.

Par défaut les barres d'outils sont créées dans l'application Calc et sont donc disponibles dans tous les classeurs.

Outils - Personnaliser

Cliquez sur l'onglet **Barres d'outils**.

Pour créer une barre d'outils personnalisée, cliquez sur le bouton **Nouveau** visible dans la partie supérieure de la boîte de dialogue.

Saisissez le **Nom de la barre d'outils** à créer dans la zone correspondante.

Si la nouvelles barre d'outils doit être enregistrée uniquement dans un des classeurs ouverts, ouvrez la liste **Enregistrer dans** puis sélectionnez le nom de ce classeur ; à l'inverse, gardez l'option **OpenOffice.org Calc** sélectionnée afin que la nouvelle barre soit disponible dans tous les classeurs.

Cliquez sur le bouton **OK**.

*Le nom de la nouvelle barre apparaît dans la liste **Barre d'outils**.*

Ajoutez ensuite tous les outils de votre choix dans la nouvelle barre d'outils à l'aide du bouton **Ajouter** (cf. titre précédent).

Pour supprimer une barre d'outils personnalisée, sélectionnez-la dans la liste **Barre d'outils**, cliquez sur le bouton **Barre d'outils** puis sur l'option **Supprimer**.

Seules les barres d'outils créées par vous peuvent être supprimées.

Créer/supprimer une barre d'outils personnalisée

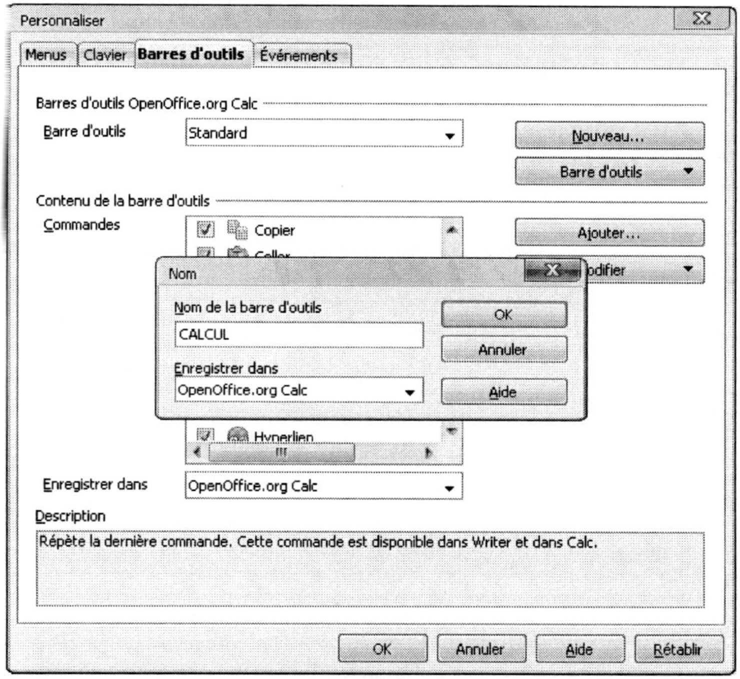

Ici, la nouvelle barre d'outils **CALCUL** va être disponible dans tous les classeurs.

© Editions ENI - Toute reproduction interdite

Personnaliser les menus

Si seul un classeur est concerné par la personnalisation des menus, ouvrez ce classeur.

Outils - Personnaliser - onglet **Menus**

Si vous souhaitez personnaliser les menus uniquement pour un des classeurs ouverts, ouvrez la liste **Enregistrer dans** puis sélectionnez le nom de ce classeur ; à l'inverse gardez l'option **OpenOffice.org Calc** sélectionnée afin que les modifications que vous allez réaliser le soient dans tous les classeurs.

Pour ajouter une option dans un menu/sous-menu, sélectionnez, dans la liste **Menu**, le menu (exemple : **Fichier**) ou le sous-menu (exemple : **Fichier/Envoyer**) auquel vous souhaitez ajouter une option.

Sélectionnez, dans la zone de liste **Entrées**, la commande en dessous de laquelle vous souhaitez ajouter la nouvelle option ; pour insérer une option sous un trait de séparateur de groupe, sélectionnez le trait concerné.

Cliquez sur le bouton **Ajouter**.

*La boîte de dialogue **Ajouter des commandes** apparaît à l'écran.*

Sélectionnez la **Catégorie** contenant l'option à ajouter dans la liste correspondante.

Sélectionnez la commande correspondant à l'option à ajouter dans la liste **Commandes**.

Cliquez sur le bouton **Ajouter**.

Ajoutez, éventuellement, une ou plusieurs autres options puis cliquez sur le bouton **Fermer**.

*L'option **Largeur de ligne** est désormais visible dans la zone de liste **Entrées**.*

Pour ajouter un trait de séparateur de groupe, sélectionnez la commande en dessous de laquelle vous souhaitez insérer le trait de séparateur, cliquez sur le bouton **Modifier** puis sur l'option **Début de groupe**.

Personnaliser les menus

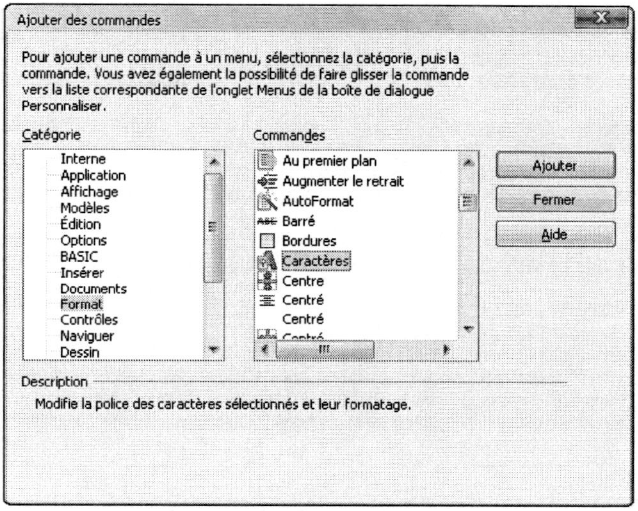

Un descriptif de la commande sélectionnée apparaît dans la zone **Description** visible en bas de la boîte de dialogue.

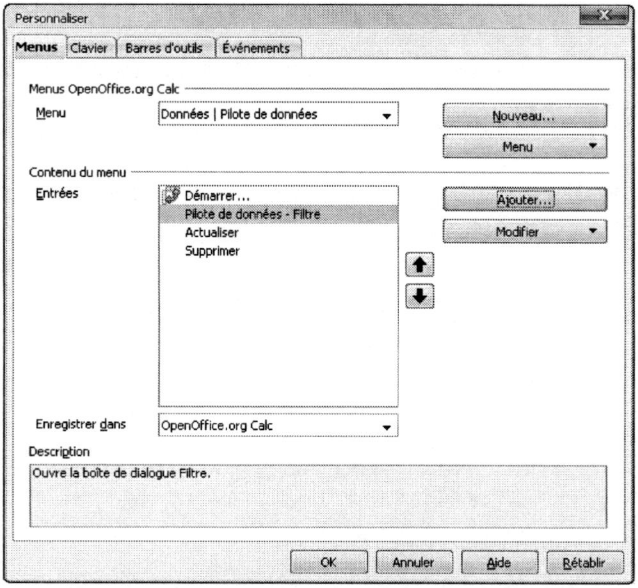

L'option **Pilote de données - Filtre** est ajoutée au sous-menu **Pilote de données** du menu **Données**, entre les options **Démarrer** et **Actualiser**.

© Editions ENI - Toute reproduction interdite

Pour ajouter un menu, cliquez sur le bouton **Nouveau**.

Saisissez le nom du nouveau menu à créer dans la zone de saisie **Nom du menu**.

Utilisez, éventuellement, les boutons ⬆ et ⬇ pour déplacer le menu vers le haut ou vers le bas.

Cliquez sur le bouton **OK**.

Ajoutez ensuite les options au menu que vous venez de créer à l'aide du bouton **Ajouter**.

Pour ajouter un sous-menu, ouvrez la liste **Menu** puis sélectionnez le menu auquel vous souhaitez ajouter un sous-menu.

Dans la liste **Entrées**, sélectionnez l'option qui précédera le sous-menu, cliquez sur le bouton **Modifier** puis sur l'option **Ajouter un sous-menu**.

Saisissez le nom du sous-menu dans la zone de saisie de la fenêtre qui s'affiche puis cliquez sur le bouton **OK**.

Ajoutez ensuite les options au sous-menu que vous venez de créer à l'aide du bouton **Ajouter**.

Pour supprimer un menu, sélectionnez-le dans la liste **Menu**, cliquez sur le bouton **Menu** puis cliquez sur l'option **Supprimer**.

Seuls les menus créés par vous peuvent être supprimés.

Pour renommer un menu ou un sous-menu créé par vous, sélectionnez-le dans la liste **Menu**, cliquez sur le bouton **Menu** puis sur l'option **Renommer**.

Saisissez le nouveau nom dans la boîte de dialogue qui s'affiche puis cliquez sur le bouton **OK**.

Pour déplacer un menu, sélectionnez-le dans la liste **Menu**, cliquez sur le bouton **Menu** puis sur l'option **Déplacer**.

Sélectionnez ensuite le menu à déplacer, cliquez autant de fois que nécessaire sur le bouton ⬆ ou ⬇ puis cliquez sur le bouton **OK**.

Cliquez sur le bouton **OK** de la boîte de dialogue **Personnaliser**.

Pour déplacer, renommer ou supprimer une option d'un menu, procédez comme pour déplacer, renommer ou supprimer un outil dans une barre d'outils (cf. Personnaliser une barre d'outils de ce chapitre).

Pour retrouver la barre de menu originale, cliquez sur le bouton **Rétablir** de la boîte de dialogue **Personnaliser** (**Outils - Personnaliser** - onglet **Menus**) puis confirmez en cliquant sur le bouton **Oui**.

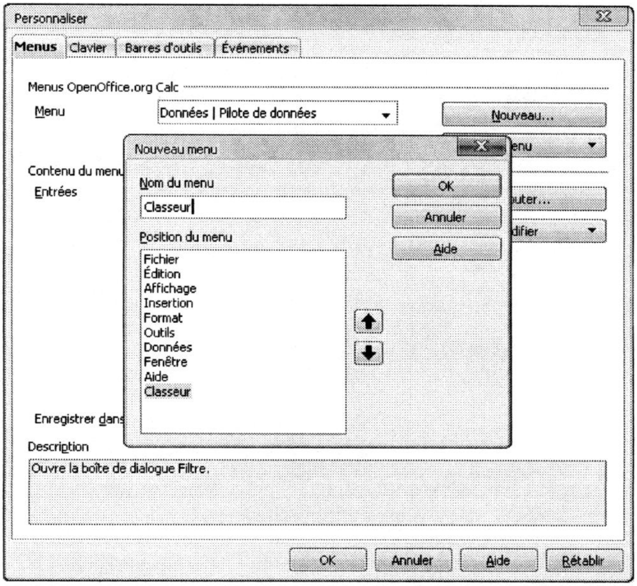

Par défaut, le nom du nouveau menu s'ajoute en dernière position et il est sélectionné.

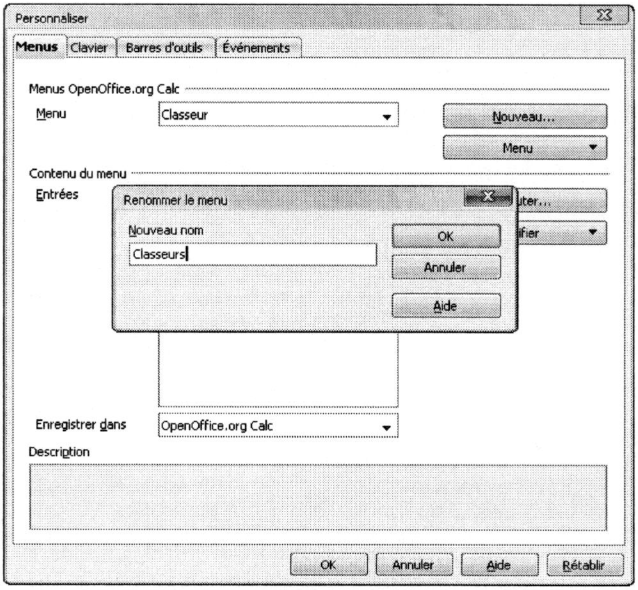

Le menu **Classeur** va être renommé en **Classeurs**.

© Editions ENI - Toute reproduction interdite

Définir les données d'identité de OpenOffice

Outils - Options - catégorie **OpenOffice.org - Données d'identité**

Renseignez ou modifiez les différentes zones de saisie.
Cliquez sur le bouton **OK**.

Créer une série de données personnalisée

Cette série pourra être utilisée dans tous les classeurs de l'application OpenOffice.org Calc.

Si les données devant constituer la série ont déjà été saisies dans une feuille, sélectionnez-les.

Outils - Options

Développez la catégorie OpenOffice.org Calc puis cliquez sur Listes de tri.

Pour saisir une nouvelle série, cliquez sur le bouton **Nouveau**.

Le point d'insertion clignote dans la zone ***Entrées****.*

Dans la zone **Entrées**, saisissez chacune de vos données en les séparant par la touche [Entrée].

Cliquez sur le bouton **Ajouter**.

La nouvelle liste s'affiche à la suite des séries existantes et chaque donnée est séparée de la suivante par une virgule.

Pour créer une série à partir des données sélectionnées, cliquez sur le bouton **Copier**.
La nouvelle liste s'affiche à la suite des séries existantes.
Cliquez sur le bouton **OK** pour valider la création de la nouvelle liste.

Pour modifier une série de données personnalisée, utilisez la commande **Outils - Options - OpenOffice.org Calc - Listes de tri**, sélectionnez la série concernée dans la zone Listes, réalisez les modifications souhaitées dans la zone Entrées puis cliquez sur le bouton **Modifier**. Validez la boîte de dialogue en cliquant sur le bouton **OK**.

Pour supprimer une série de données personnalisée, utilisez la commande **Outils - Options - OpenOffice.org Calc - Listes de tri**, sélectionnez la série concernée dans la zone **Listes**, cliquez sur le bouton **Supprimer** puis confirmez la suppression en cliquant sur le bouton **Oui**. Validez la boîte de dialogue en cliquant sur le bouton **OK**.

Pour utiliser une liste, saisissez une valeur de la liste dans une cellule puis faites glisser la poignée de recopie (carré noir situé en bas et à droite de la cellule) sur les autres cellules pour faire apparaître les autres éléments de la liste.

Définir les données d'identité de OpenOffice

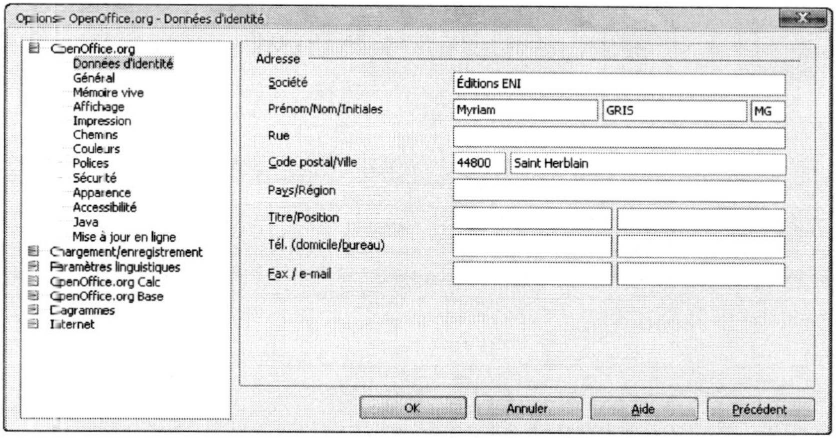

Par défaut, seules les zones **Prénom/Nom/Initiales** sont remplies.

Créer une série de données personnalisée

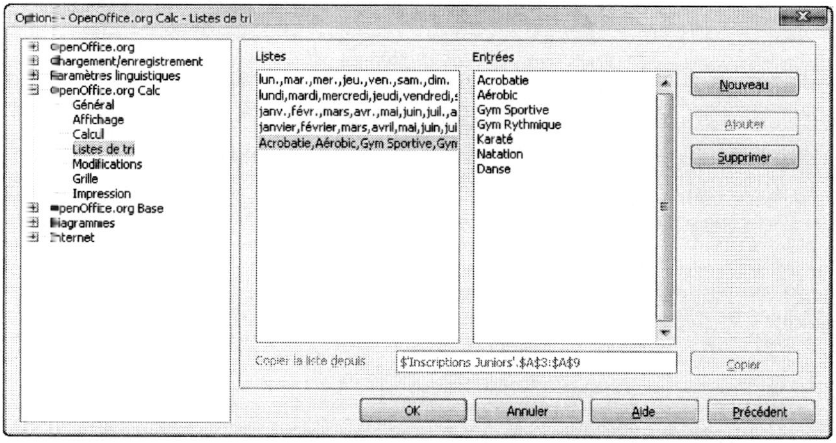

Pour utiliser une liste, vous pouvez commencer par n'importe quel élément de celle-ci.

© Editions ENI - Toute reproduction interdite

Créer une macro-commande

Une macro-commande ou macro est une série de commandes que vous enregistrez dans une seule commande afin d'automatiser votre travail dans OpenOffice.org. Les macros sont écrites en langage de programmation OpenOffice.org Basic. Elles sont stockées dans des modules, eux-mêmes faisant partie de bibliothèques.

Ouvrez le classeur à partir duquel vous souhaitez enregistrer la macro-commande.

Outils - Macros - Enregistrer une macro

➘ *La barre d'outils* ***Enregistrer une macro*** *s'affiche à l'écran.*

Réalisez toutes les manipulations à mémoriser dans la macro-commande.

Lorsque toutes les manipulations ont été réalisées, cliquez sur le bouton **Terminer l'enregistrement**.

La boîte de dialogue ***Macros OpenOffice.org Basic*** *apparaît à l'écran. La zone* ***Enregistrer la macro dans*** *affiche deux catégories* ***Mes macros*** *et* ***Macros OpenOffice.org*** *ainsi que les noms des documents ouverts dans OpenOffice.org. Ces objets contiennent les bibliothèques de macros, qui contiennent à leur tour les modules dans lesquels sont enregistrées les macros.*

Dans la zone **Enregistrer la macro dans**, développez, si besoin, l'objet puis la bibliothèque devant contenir la macro. Pour cela, cliquez sur le bouton ⊞ qui précède l'objet et/ou la bibliothèque concernée.

Chaque dossier comporte une bibliothèque nommée **Standard**. Si la macro doit être uniquement utilisée dans le classeur actif, sélectionnez la bibliothèque **Standard** de ce classeur. Si la macro doit être utilisée dans tous les classeurs, sélectionnez la bibliothèque **Standard** de la catégorie **Mes macros**.

Cliquez sur le nom du module devant contenir la macro.

➘ Saisissez le nom de la macro dans la zone **Nom de la macro** sans espace.

Par défaut, un module existe dans les catégories ***Mes macros*** *et* ***Macro OpenOffice.org****. Si vous enregistrez la macro dans une bibliothèque ne comportant aucun module, OpenOffice.org en créera un automatiquement et affichera une boîte de dialogue vous demandant de saisir le nom du module.*

Cliquez sur le bouton **Enregistrer**.

Créer une macro-commande

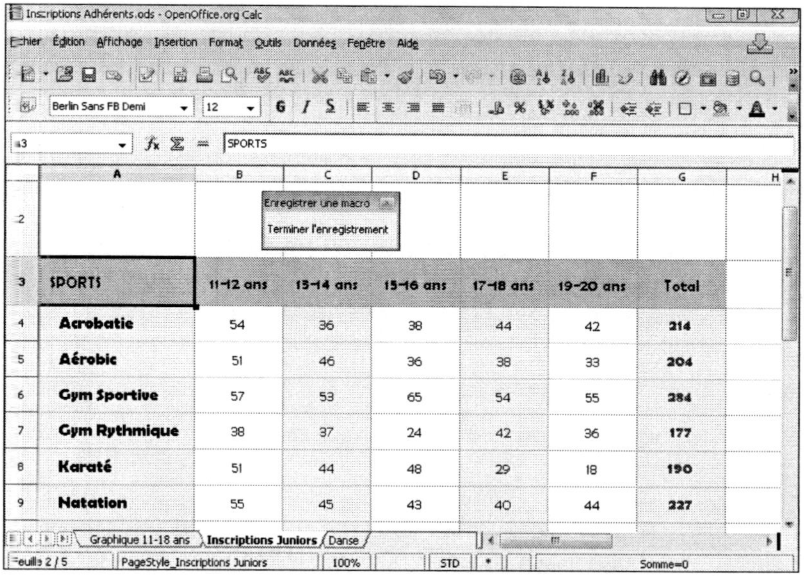

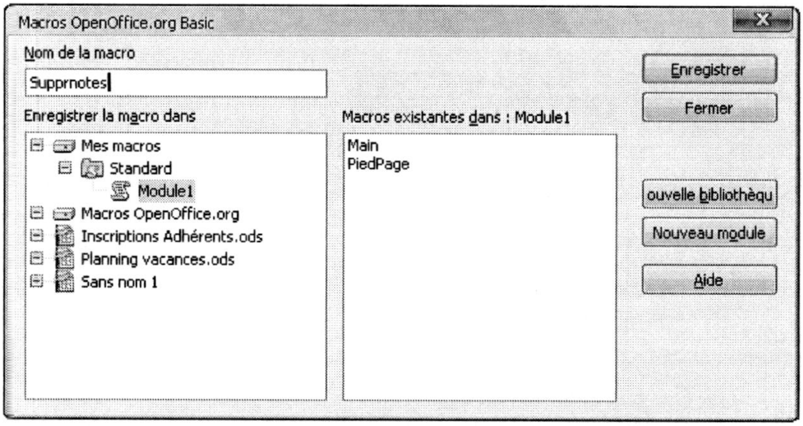

La macro **Supprnotes** pourra être utilisée dans tous les classeurs Calc.

© Editions ENI - Toute reproduction interdite

Exécuter une macro-commande

Ouvrez le classeur dans lequel vous souhaitez utiliser la macro.

Outils - Macros - Exécuter la macro

*La boîte de dialogue **Sélecteur de macro** s'affiche à l'écran.*

Dans la zone **Bibliothèque**, développez l'objet puis la bibliothèque contenant la macro à exécuter en cliquant sur le bouton ⊞ qui les précède.

Cliquez ensuite sur le nom du module concerné.

Sélectionnez le nom de la macro dans la liste **Nom de la macro**.

Cliquez sur le bouton **Exécuter**.

Gérer les macro-commandes

Ouvrez éventuellement le classeur dans lequel la macro a été enregistrée.

Outils - Macros - Gérer les macros - OpenOffice.org Basic

*La boîte de dialogue **Macros OpenOffice.org Basic** s'affiche à l'écran.*

Dans la partie **Macro de**, développez l'objet puis la bibliothèque contenant la macro concernée en cliquant sur le bouton ⊞ qui les précède. Cliquez ensuite sur le nom du module concerné.

Pour supprimer une macro, sélectionnez la macro à modifier dans la zone **Macros existantes dans** puis cliquez sur le bouton **Supprimer**.

Confirmez la suppression de la macro en cliquant sur le bouton **Oui**.

Pour modifier une macro, sélectionnez la macro à modifier dans la zone Macros existantes dans puis cliquez sur le bouton **Éditer**.

*Une fenêtre **OpenOffice.org Basic** s'ouvre et affiche la macro telle qu'elle a été enregistrée, c'est-à-dire en langage OpenOffice.org Basic.*

Apportez les modifications souhaitées.

Fermez la fenêtre **OpenOffice.org Basic** par la commande **Fichier - Fermer**.

Exécuter une macro-commande

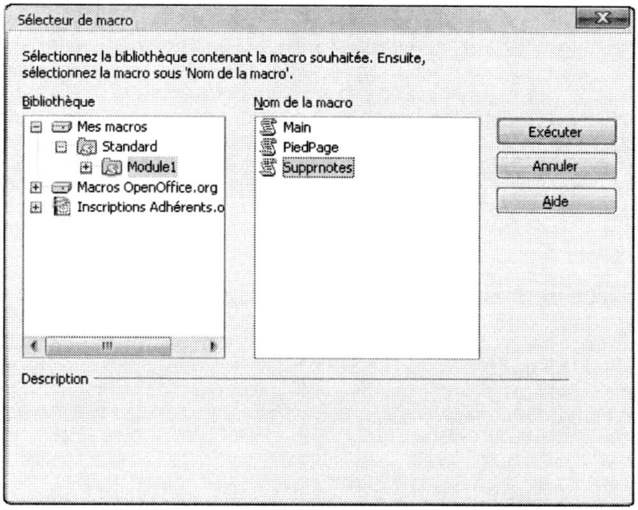

La liste **Nom de la macro** affiche les macros contenues dans le module sélectionné.

Gérer les macro-commandes

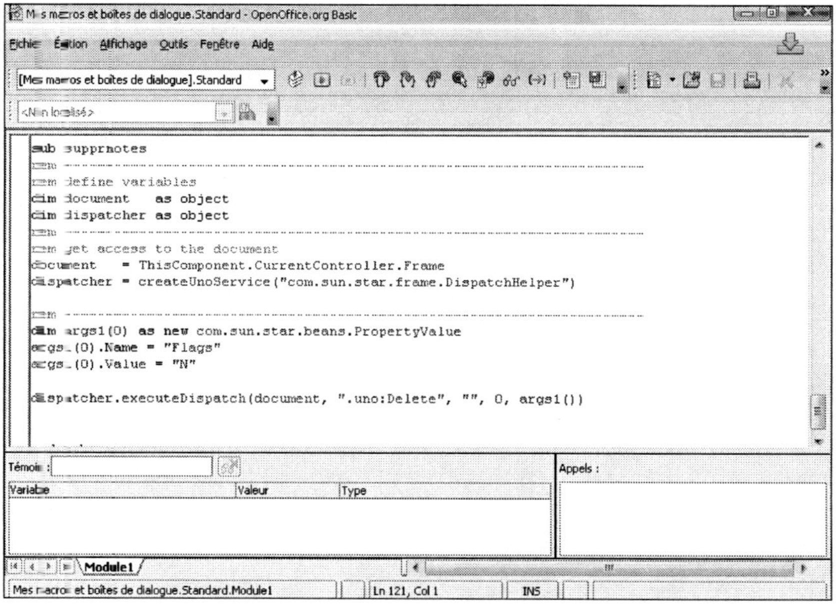

Les macros sont écrites en langage de programmation OpenOffice.org Basic.

© Editions ENI - Toute reproduction interdite

Convertir des documents

Il s'agit ici de convertir des documents Microsoft Office (Word, Excel et PowerPoint) ou des documents de l'ancien format StarOffice au format OpenOffice.org approprié (par exemple un classeur Excel va être converti au format Calc).

Fichier - Assistants - Convertisseur de documents

Activez l'option **StarOffice** pour convertir les documents de l'ancien format StarOffice ou l'option **Microsoft Office** pour convertir des documents Microsoft Office.

➘ Cochez la ou les options correspondant aux types de documents à convertir.

Laissez l'option **Créer un fichier journal** cochée si vous souhaitez créer un fichier contenant la liste des documents convertis.

Cliquez sur le bouton **Suivant**.

➘ Pour chaque type de fichier à convertir, suivez ces instructions :

- Pour convertir les modèles du type de document concerné, cochez l'option **Modèles "nom de l'application"** de la zone **Modèles**.
- Pour convertir les documents, cochez l'option **Documents "nom de l'application"** de la zone **Documents**.
- Spécifiez dans la zone **Import depuis** des zones **Modèles** et/ou **Documents**, le chemin du dossier contenant les fichiers à convertir (dossier source) ou cliquez sur le bouton ... pour le sélectionner.
- Cochez l'option **Sous-répertoires compris** pour que les fichiers contenus dans les sous-dossiers du dossier source (zone **Import depuis**) soit également convertis.
- Spécifiez dans la zone **Enregistrer dans** des zones **Modèles** et/ou **Documents**, le chemin du dossier dans lequel les fichiers convertis devront être enregistrés ou cliquez sur le bouton ... pour le sélectionner.

Cliquez sur le bouton **Suivant**.

Après le paramétrage des différentes conversions, l'Assistant affiche un récapitulatif des conversions qu'OpenOffice.org va réaliser.

Après avoir pris connaissance du récapitulatif, effectuez les conversions en cliquant sur le bouton **Convertir**.

La progression de la conversion est visible dans la dernière étape de l'assistant Convertisseur de documents.

Une fois la conversion terminée, cliquez si besoin, sur le bouton **Afficher le journal** pour ouvrir le fichier contenant la liste des fichiers convertis ou cliquez sur le bouton **Fermer** pour fermer la fenêtre de l'assistant **Convertisseur de documents**.

Convertir des documents

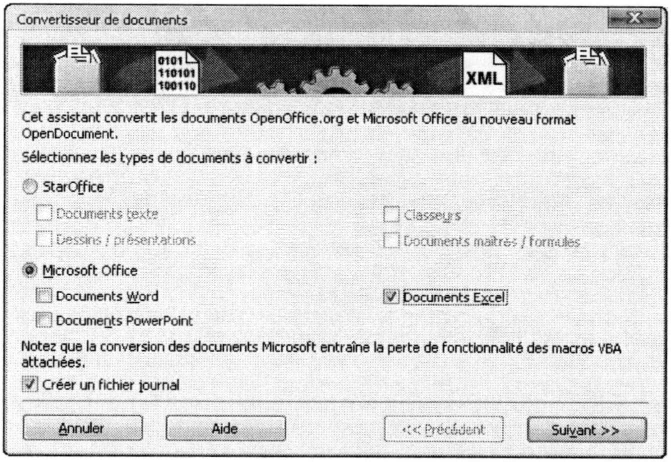

Ici, nous souhaitons convertir les classeurs Microsoft Office Excel au format Classeur OpenDocument.

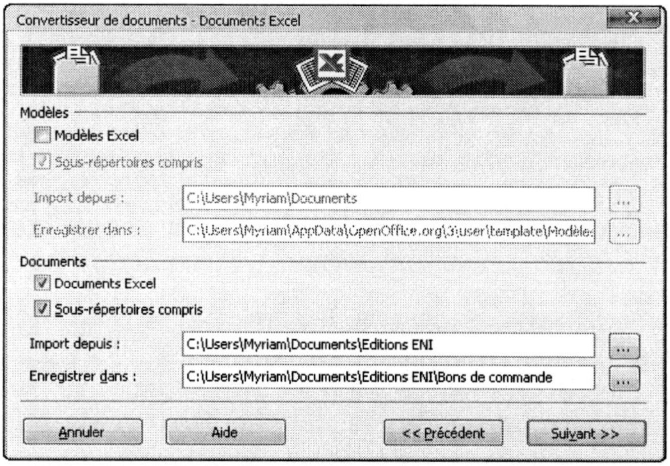

Les classeurs Microsoft Excel du dossier **Editions ENI** vont être convertis au format Classeur OpenDocument et enregistrés dans le dossier **Bons de commande** du dossier **Editions ENI**.

© Editions ENI - Toute reproduction interdite

Exporter un classeur Calc au format PDF

Exporter un classeur au format PDF permet de le visualiser ou de l'imprimer à partir d'un poste sur lequel OpenOffice.org n'est pas installé, dès lors que Acrobat Reader est installé sur le poste (ce logociel est téléchargeable gratuitement à partir du site Adobe : il permet de lire n'importe quel fichier PDF, quelle que soit l'application qui a permis de le créer).

Ouvrez le classeur que vous souhaitez exporter au format PDF.

Fichier - Exporter au format PDF

La boîte de dialogue ***Options PDF*** *apparaît à l'écran vous permettant ainsi de modifier les paramètres d'exportation.*

Modifiez, éventuellement, la **Plage** de cellules à exporter au format PDF à l'aide des options de la zone correspondante.

Attention, si une zone d'impression a été définie dans le classeur, c'est celle-ci qui sera exportée quelles que soient les options choisies dans la zone ***Plage****.*

Si votre classeur contient des images, spécifiez comment elles doivent être exportées à l'aide des options de la zone **Images** :

Compression sans perte	Tous les pixels des images sont conservés.
Compression JPEG	La quasi-totalité des pixels est conservée pour un niveau de qualité optimal ; la taille du fichier est réduite. Vous pouvez modifier le niveau de **Qualité** de la compression JPEG à l'aide de la liste correspondante.
Réduire la résolution des images	Cochez cette option puis sélectionnez un nombre de pixels par pouce moins élevé pour réduire la résolution des images.

Cochez l'option **PDF/A-1** pour exporter également les polices de caractères utilisées.

Cochez l'option **PDF marqué** pour convertir des balises spéciales (hyperliens, contrôles...) en balises PDF (cette manipulation peut augmenter considérablement la taille du fichier exporté).

Laissez cochée l'option **Créer un formulaire PDF** si votre classeur contient des contrôles de formulaire et que vous souhaitez qu'il puisse être complété par l'utilisateur. Choisissez, si besoin, le **Format d'envoi** dans la liste correspondante.

Pour **Exporter les repères de texte** et/ou **Exporter les notes** sous forme de signet ou note PDF, cochez l'option correspondatne de la zone **Général**.

Utilisez, si besoin, les autres onglets de cette boîte de dialogue pour paramétrer les options d'affichage des fenêtres (onglet **Vue initiale**), des menus et barres d'outils (onglet **Interface utilisateur**), pour spécifier la méthode d'exportation des repères de texte et autres liens (onglet **Liens**) et/ou limiter par un mot de passe, l'ouverture, l'impression et/ou la modification du document PDF (onglet **Sécurité**).

Exporter un classeur Calc au format PDF

Par défaut, toutes les pages du classeur sont exportées.

© Editions ENI - Toute reproduction interdite

Cliquez sur le bouton **Export**.

*L'option **PDF - Portable Document Format (.pdf)** est visible dans la zone **Format de fichier**.*

Sélectionnez le dossier dans lequel le fichier PDF doit être enregistré puis saisissez son nom dans la zone de saisie **Nom du fichier**.

Cliquez sur le bouton **Enregistrer**.

Le fichier PDF peut être visualisé dans l'application Acrobat Reader.

L'outil permet également d'exporter le classeur actif. Cependant, cet outil ne vous permet pas de modifier les paramètres d'exportation du format PDF par l'intermédiaire de la boîte de dialogue **Options PDF**.

Pour exporter un classeur au format PDF puis l'envoyer par e-mail, utilisez la commande **Fichier - Envoyer - Envoyer par e-mail en PDF**, modifiez éventuellement les **Options PDF** dans la boîte de dialogue correspondante puis cliquez sur le bouton **Envoyer**.

Enregistrer un classeur Calc dans le format Microsoft Excel

Il s'agit ici de faire une copie d'un classeur Calc en l'enregistrant dans le format Microsoft Excel.

Ouvrez le classeur Calc que vous souhaitez enregistrer sous le format Microsoft Excel.

Fichier - Enregistrer sous ou Ctrl Shift **S**

Ouvrez la liste **Type** puis sélectionnez un des formats Excel proposés.

Sélectionnez le dossier dans lequel vous souhaitez enregistrer le classeur Microsoft Excel puis saisissez le **Nom du fichier** dans la zone de saisie correspondante.

Cliquez sur le bouton **Enregistrer**.

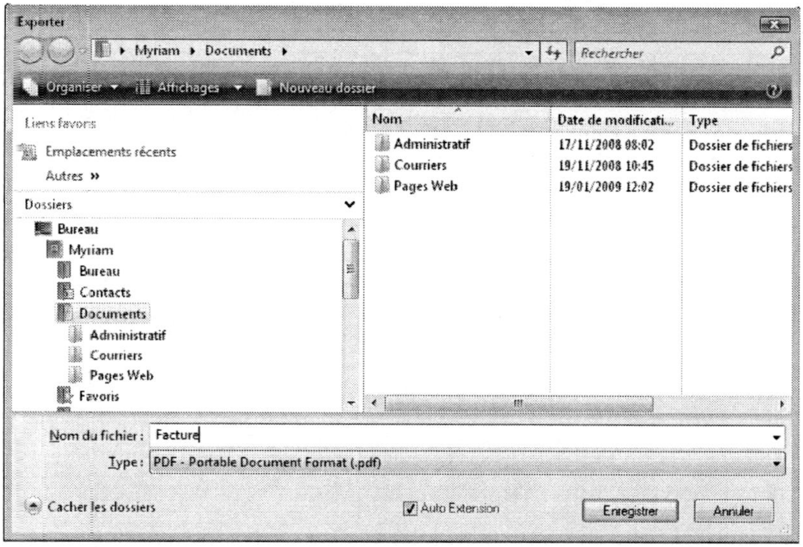

L'option **Auto Extension** étant cochée par défaut, l'extension **.pdf** sera ajoutée automatiquement au nom du fichier.

Enregistrer un classeur Calc dans le format Microsoft Excel

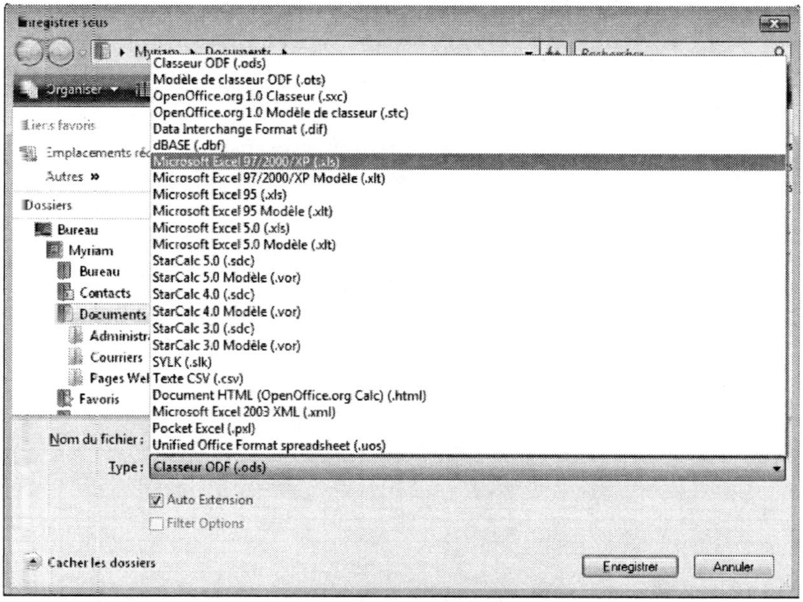

Plusieurs formats Microsoft Excel sont disponibles dans la liste **Type**.

© Editions ENI - Toute reproduction interdite

Copier des données Calc dans l'application Writer

Dans l'application Calc, ouvrez le classeur contenant les données à copier.

Sélectionnez les données à copier.

Édition - Copier ou [icône] ou Ctrl **C**

Ouvrez le document Writer (**Fichier - Ouvrir**) dans lequel les données doivent être copiées ou créez un nouveau document Writer (**Fichier - Nouveau - Document texte**) ; si le document Writer est déjà ouvert, ouvrez le menu **Fenêtre** puis cliquez sur le nom du document à activer visible dans la partie inférieure du menu.

Dans le document Writer, positionnez le curseur à l'emplacement où les données doivent être copiées.

Pour copier sans choisir le format des données, utilisez la commande **Édition - Coller** ou [icône] ou Ctrl **V**.
Les données s'insèrent en tant qu'objet Calc à la position du point d'insertion dans le document Writer.

Pour copier les données en choisissant un format, utilisez la commande **Édition - Collage spécial** ou le raccourci-clavier Ctrl Shift **V**.

➘ Cliquez sur l'option correspondant au format dans lequel vous souhaitez coller les données.

Cliquez sur le bouton **OK**.

➘ Si besoin est, enregistrez le document Writer puis fermez-le.

Copier des données Calc dans l'application Writer

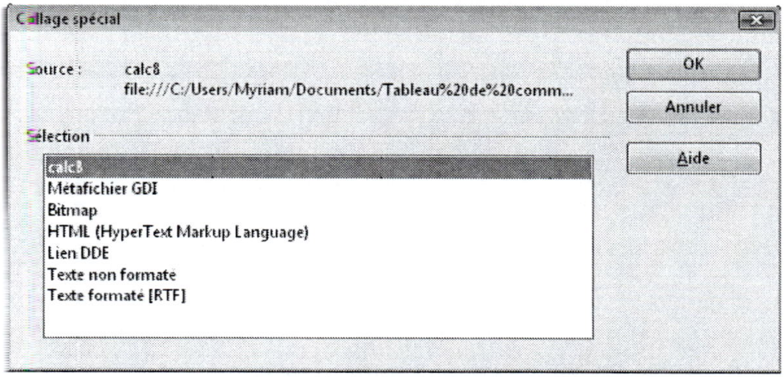

Les options disponibles dans la zone **Sélection** dépendent du contenu copié dans le Presse-papiers.

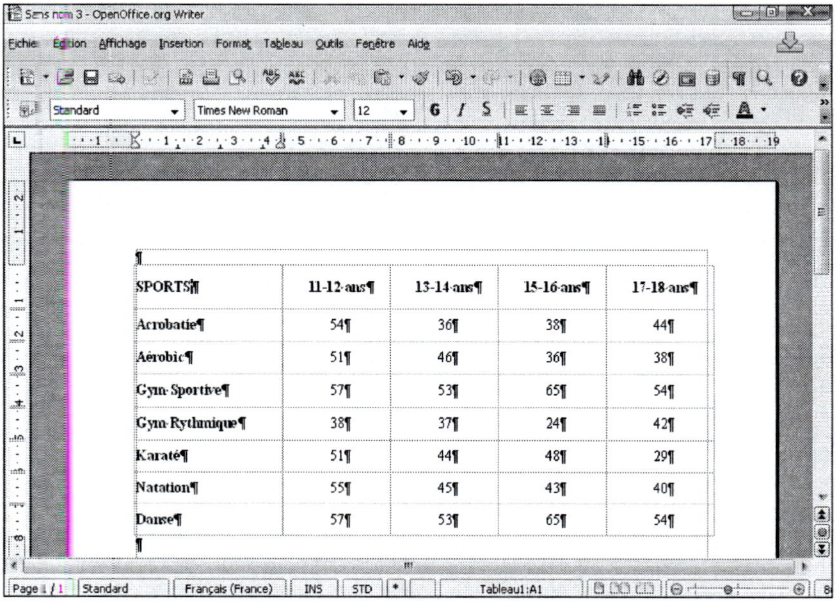

Ici, les données de Calc ont été collées en **Texte formaté [RTF]**.

© Editions ENI - Toute reproduction interdite

Insérer un nouvel objet

L'objet que vous souhaitez insérer dans le document n'existe pas, vous devez donc le créer.

Cliquez dans une cellule située vers la position où vous souhaitez insérer le nouvel objet.

Insertion - Objet - Objet OLE

Veillez à ce que l'option **Créer un nouvel objet** soit active.

Pour créer un nouvel objet OpenOffice.org, sélectionnez son type dans la liste **Type d'objet**.

Pour créer un autre objet qu'un objet OpenOffice.org, sélectionnez l'option **Autres objets** dans la liste **Type d'objet**. Cliquez sur le bouton **OK**. Veillez à ce que l'option **Créer un nouveau** soit active, sélectionnez le **Type d'objet** à insérer en fonction de l'application que vous souhaitez lancer pour le créer puis cliquez sur le bouton **OK**.

Si vous avez choisi d'insérer un objet d'OpenOffice.org, un cadre apparaît : les menus et les barres d'outils de Calc sont remplacés momentanément par les menus et les barres d'outils de l'application permettant de créer l'objet. Si vous avez choisi d'insérer un objet autre qu'un objet OpenOffice.org, vous visualisez la fenêtre de l'application dans son intégralité (application serveur).

Créez l'objet en vous servant des options et des outils de l'application serveur.

Lorsque vous avez terminé de créer votre objet, selon le cas, fermez la fenêtre de l'application serveur par **Fichier - Quitter** ou, cliquez dans votre classeur, en dehors du cadre hachuré.

Pour modifier un objet incorporé, faites un double clic sur celui-ci afin de lancer l'application serveur correspondante.

Insérer un nouvel objet

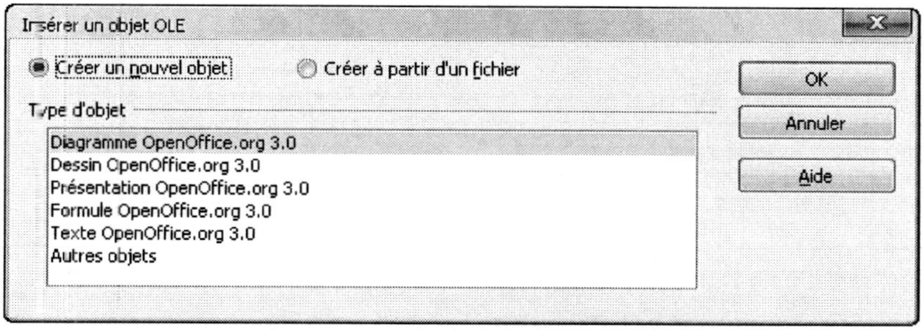

Un diagramme, un dessin, une présentation, une formule ou encore un texte peut être inséré en tant que nouvel objet OpenOffice.org.

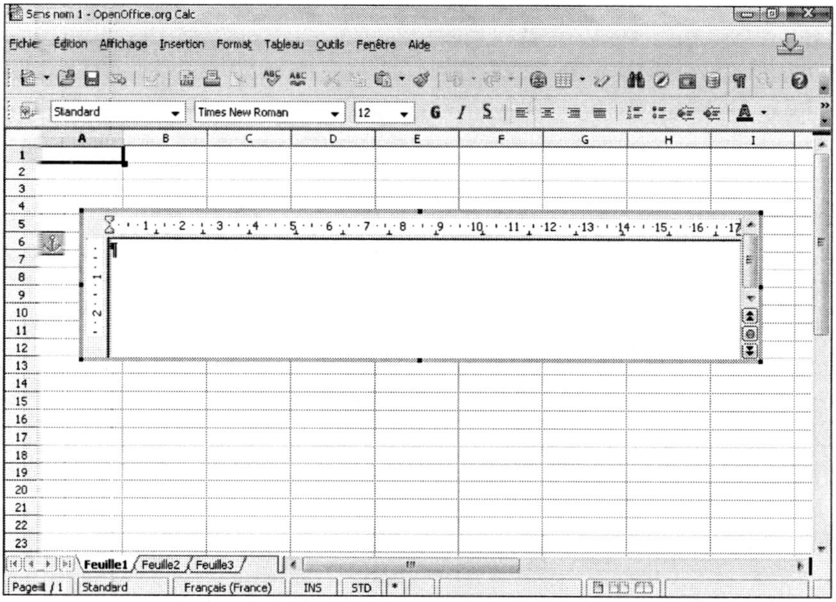

Ici, un nouvel objet OpenOffice.org Writer a été inséré dans le classeur Calc.

© Editions ENI - Toute reproduction interdite

Insérer un objet existant

L'objet que vous souhaitez insérer est déjà créé. Il s'agit donc ici de sélectionner le fichier correspondant à cet objet.

Cliquez dans une cellule située vers la position où vous souhaitez insérer le nouvel objet.

Insertion - Objet - Objet OLE

Pour insérer un objet existant créé à l'aide d'une application d'OpenOffice.org, activez l'option **Créer à partir d'un fichier**.

Pour insérer un objet existant créé dans une autre application qu'OpenOffice.org, laissez active l'option **Créer un nouvel objet**, sélectionnez **Autres objets** dans la liste **Type d'objet** puis cliquez sur le bouton **OK**. Activez ensuite l'option **Créer à partir d'un fichier** dans la boîte de dialogue **Insérer un objet**.

Saisissez le chemin puis le nom du **Fichier** de l'objet à insérer dans la zone correspondante ou, cliquez, selon le cas, sur le bouton **Rechercher** ou **Parcourir** pour le sélectionner.

Dans le cas d'un objet OpenOffice.org, cochez l'option **Lier au fichier** si vous souhaitez, non pas incorporer l'objet, mais établir une liaison entre le classeur Calc et cet objet. Dans ce cas, le classeur récepteur ne contient pas l'objet transféré mais seulement une formule de liaison indiquant où se trouve cet objet lorsque l'application en a besoin.

Cliquez sur le bouton **OK**.

Dans le cas d'un objet autre qu'un objet OpenOffice.org, il est possible que le fichier s'ouvre dans son application.

Dans ce cas, fermez l'application par **Fichier - Quitter**.

Pour modifier un objet incorporé ou lié, faites un double clic sur celui-ci afin de lancer l'application serveur correspondante.

Insérer un objet existant

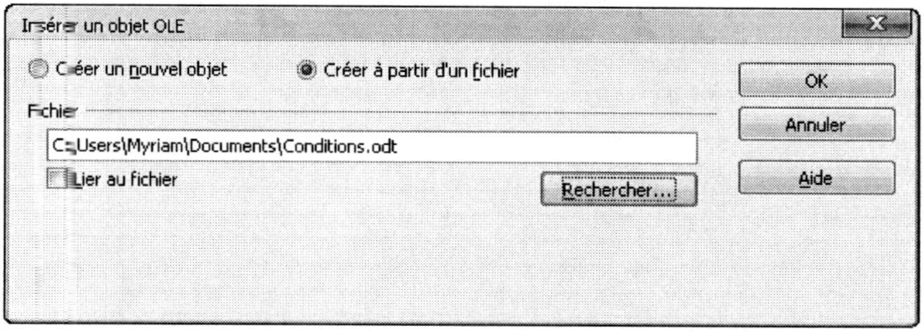

Si vous cochez l'option **Lier au fichier**, toute modification de l'objet dans son application d'origine sera répercutée dans le classeur Calc.

© Editions ENI - Toute reproduction interdite

NOTES PERSONNELLES

Accès aux menus et options

	Fichier
Ctrl N	Nouveau
Ctrl O	Ouvrir
Ctrl S	Enregistrer
Ctrl ⇧ Shift S	Enregistrer sous
	Modèle
⇧ Shift F11	Enregistrer
Ctrl P	Imprimer
Ctrl Q	Quitter
	Édition
Ctrl Z	Annuler
Ctrl Y	Restaurer
Ctrl ⇧ Shift Y	Répéter
Ctrl X	Couper
Ctrl C	Copier
Ctrl V	Coller
Ctrl ⇧ Shift V	Collage spécial
Ctrl A	Tout sélectionner
Ctrl F	Rechercher & remplacer
F5	Navigateur
Suppr	Supprimer du contenu
Ctrl -	Supprimer des cellules
	Affichage
Ctrl F8	Mise en évidence des valeurs
F4	Sources de données
Ctrl ⇧ Shift J	Plein écran

© Editions ENI - Toute reproduction interdite

IUFM Rouen
SCD
76130
Mt St Aignan

	Insertion
Ctrl +	Cellules
Ctrl F2	Fonction
	Noms
Ctrl F3	Définir
	Format
Ctrl M	Formatage par défaut
Ctrl 1	Cellules
F11	Styles et formatage
	Outils
F7	Orthographe
	Langue
Ctrl F7	Dictionnaire des synonymes
	Audit
⇧ Shift F7	Repérer les antécédents
⇧ Shift F5	Repérer les dépendants
	Contenu des cellules
F9	Recalculer
	Données
	Plan
F12	Grouper
Ctrl F12	Dissocier
	Fenêtre
Ctrl W	Fermer la fenêtre
	Aide
F1	Aide de OpenOffice.org

Combinaison de touches diverses

Barre de Formule et calcul

F2 — Bascule en mode Édition et place le curseur à la fin du contenu de la cellule active

= — Début d'une formule

Echap — Annulation de la saisie

Entrée — Validation de la saisie

Ctrl ⇧ Shift F2 — Bascule en mode Édition et place le curseur dans la barre de formule.

Ctrl F2 — Active l'Assistant Fonctions

⇧ Shift F4 — Bascule le statut d'une référence de relative à absolue en passant par les quatre statuts possible : A1, A1, $A1, A$1

F9 — Recalcule toutes les formules de la feuille

Ctrl F9 — Actualise un diagramme

Mise en forme de cellule

Ctrl **G** — Attribut Gras

Ctrl **I** — Attribut Italique

Ctrl **U** — Attribut Souligné

Format des lignes/des colonnes

Alt ↓ — Augmente la hauteur de la ligne active

Alt ↑ — Diminue la hauteur de la ligne active

Alt → — Augmente la largeur de la colonne active

Alt ← — Diminue la largeur de la colonne active

Alt ⇧ Shift – touches fléchées — Optimise la largeur de colonne ou la hauteur de ligne en fonction du contenu de la cellule active

Format des nombres et des dates

Les valeurs doivent être saisies sur le clavier alphanumérique.

Ctrl ⇧ Shift **1** — Format milliers à deux décimales (# ##0,0)

Ctrl ⇧ Shift **2** — Format exponentiel

Ctrl ⇧ Shift **3** — Format date par défaut (jj-mm-aa)

Ctrl ⇧ Shift **4** — Format monétaire à deux décimales (# ##0,00 **€**)

Ctrl ⇧ Shift **5** — Format pourcentage à deux décimales (0,00%)

© Editions ENI - Toute reproduction interdite

Ctrl ⇧ Shift 6	Format numérique standard
	Déplacements
Ctrl ↖	Cellule A1
Ctrl Fin	Cellule correspondant à l'intersection de la dernière colonne de droite utilisée et la dernière ligne du bas utilisée
↖	Première cellule de la ligne active
Fin	Dernière cellule de la ligne active
Ctrl ← / Ctrl →	Première/dernière colonne de la plage de données active ou première/dernière colonne de la feuille
Ctrl ↑ / Ctrl ↓	Première/dernière ligne de la plage de données active ou première/dernière ligne de la feuille
Alt Pg Dn / Alt Pg Up	Page écran de droite/de gauche
Pg Dn / Pg Up	Page écran du haut/du bas
Ctrl Pg Dn / Ctrl Pg Up	Feuille suivant/précédente dans le classeur
	Sélections
Ctrl **A**	Toute la feuille
Ctrl ⇧ Shift Espace	Colonne contenant la cellule active
⇧ Shift Espace	Ligne contenant la cellule active
F8	Active et désactive le mode extension
⇧ Shift F8	Active et désactive le mode Ajout de sélection
Ctrl *	Le tableau autour de la cellule active
Ctrl /	Totalité de la matrice à laquelle appartient la cellule active
	Mode plan
	Groupe la plage de données sélectionnée
Ctrl F12	Dissocie la plage de données sélectionnée

A

B

C

E

F

G

H

I

J

L

IUFM
Service Commun de Documentation
2 rue du Tronquet - BP 18
76131 Mont-Saint-Aignan cedex
tél. 02 32 82 30 56

N° ouvrage : 304733*